120 Astuces

Pour que bébé fasse ses nuits

Marjolaine Solaro

FIRST Editions

ISBN 978-2-7540-7220-5
Dépôt légal : mars 2015
Imprimé en France

Édition : Audrey Bernard
Conception graphique et mise en page : Manon Bucciarelli
Illustration de couverture : Nathalie Jomard

Éditions First, un département d'Édi8
12, avenue d'Italie
75 013 Paris – France
Tél. : 01 44 16 09 00
Fax : 01 44 16 09 01
E-mail : firstinfo@efirst.com
Site internet : www.editionsfirst.fr

SOMMAIRE

INTRODUCTION

Votre bébé est là et fait désormais votre bonheur. Il est parfait, absolument parfait puisque c'est votre bébé, évidemment. À un petit détail près, dites-vous ? Il « ne fait pas ses nuits ».
Ah... L'épineux problème des nuits. LA question que vous posent quotidiennement d'un air intéressé vos parents, vos amis, votre boulangère et même la vieille dame dans la queue de la caisse prioritaire au supermarché : « Alors, il fait ses nuits ce bébé ? ».
Le bébé qui « fait ses nuits » au bout d'une semaine est un idéal pour de nombreuses familles alors que la majorité des bébés ne dormiront plusieurs nuits complètes de suite qu'au bout de plusieurs mois.
Il faut le savoir, un nourrisson se réveille les premières semaines toutes les 2 à 4 heures pour se nourrir, de jour comme de nuit. La grande majorité des bébés ne dort pas 6 heures d'affilée la nuit avant 3 mois et dans certains pays comme l'Angleterre, on n'attend pas d'un bébé qu'il « fasse ses nuits » avant 6 mois. D'ailleurs, on estime désormais que l'enfant ne fait pas de caprice avant 6 mois et que, s'il y a des réveils et des pleurs de nuit, c'est qu'ils ont une raison et qu'il ne faut pas simplement « laisser pleurer » comme on le faisait à une époque.
Eh bien, non. Votre bébé ne fait pas ses nuits. Enfin, il fait ***ses*** *nuits, celles qui lui conviennent, mais il ne fait clairement pas* ***vos*** *nuits !*
Et c'est normal. Oui, même si les gens trouvent qu'un bébé « doit » faire ses nuits au retour de la maternité ou, grand

maximum, à 3 semaines, il est en réalité tout à fait normal que votre bébé ne dorme pas d'une traite durant 12 heures ; mais ça, on vous le dit rarement. On estime qu'une nuit pour un bébé durant ses 3 premiers mois, c'est dormir 5 heures d'une traite, de minuit à 5 h du matin bien souvent, mais certains vont parfois dormir plus.

Le bébé est un petit être immature qui se réveille pour mille raisons différentes. Son cerveau est encore en pleine construction et il n'est sorti du ventre maternel qu'il y a peu de temps. Il a besoin de se sentir en sécurité à l'extérieur du giron maternel.

Au fil des jours, vous trouverez la voie pour l'accompagner au mieux vers un sommeil serein et de bonne qualité qui lui permet de grandir et de se développer.

Il n'y a malheureusement pas de guide miracle qui donne la recette du sommeil idéal du bébé (plus précisément, celui qui serait idéal pour les parents). Si ce guide miraculeux existait, il serait un best-seller mondialement connu et il rapporterait des millions à son auteur. Mais non.

En revanche, ce que le guide que vous avez en main peut vous proposer, ce sont des idées et des astuces à mettre en pratique pour voir si elles améliorent le sommeil de votre enfant.

J'aimerais pouvoir vous dire que votre enfant dormira du sommeil du juste dès la première astuce essayée mais, parfois, le bébé n'est tout simplement pas prêt à dormir longuement d'une traite, sur un plan physiologique, affectif ou intellectuel. Cela peut durer de longues semaines et même de longs mois.

À force de patience et d'attentions, vous trouverez les solutions.
Ce n'est pas forcément une période simple pour vous et c'est compréhensible, le manque de sommeil peut être vécu comme une véritable torture, surtout si vous étiez loir ascendant marmotte avant l'arrivée de votre bébé.
Vous trouverez dans ce livre 120 astuces pour accompagner votre bébé vers des nuits complètes. Piochez, essayez, testez. Si une astuce ne fonctionne pas avec votre enfant, piochez-en une autre, mais n'hésitez pas à les coupler et à réessayer des choses qui n'ont pas fonctionné la semaine précédente. Un enfant, c'est changeant, mais ça, vous le constatez chaque jour.
Vous trouverez dans ce livre des conseils et des astuces dont certains sont contradictoires. Même si cela vous paraît déroutant, c'est logique car ce qui va marcher pour un bébé ne fonctionnera pas pour un autre. Soyez curieux, testez.
J'ai moi-même essayé toutes ces astuces pour trouver celles qui correspondaient ou non à chacun de mes trois enfants.
J'ai appris à ce moment-là qu'il faut être ouvert à tout ce qui est en accord avec son idée de l'éducation mais qu'il faut aussi parfois modifier ses propres limites selon l'enfant à qui l'on fait face. Parce qu'être parent, cela s'apprend en pratiquant.
Ce livre est là pour vous aider à décrypter les besoins de votre enfant afin que vous y répondiez de manière adéquate.
Ayez confiance en vous. Vous pouvez rapidement avoir un sentiment d'inaptitude et d'échec face à votre bébé qui se réveille plusieurs fois par nuit ou qui a du mal à s'endormir.
Vous avez l'impression d'être face à vos propres limites mais

encore une fois, souvenez-vous qu'un tout petit bébé n'est pas une machine parfaitement réglée sur les attentes de la société.

Vous êtes le parent, celui qui connaît le mieux votre enfant et qui trouvera les clés.

Ayez confiance en votre bébé et écoutez-le. Observez-le, ses réveils et ses pleurs sont les seuls moyens qu'il ait à sa disposition pour exprimer ses sentiments et ses besoins. Quand il en sera capable, quand il sera assez « grand », quand ses soucis seront solutionnés, il vous fera de belles et longues nuits.

Dans ce livre, j'ai voulu que la bienveillance soit le maître-mot, envers l'enfant bien-sûr, mais aussi envers vous, les parents. Parce que le manque de sommeil est parfois une vraie douleur pour les parents et que le bébé, de son côté, ne naît pas forcément avec toutes les clés en main pour parvenir vite au sommeil de nuit que certains parents attendent.

J'ai eu envie, en tant que maman qui a passé tant de nuits sans sommeil que j'ai parfois cru y perdre la raison, de dire que le bébé n'est pas un ennemi ou un tyran qui torture le parent, que le sommeil n'est pas une lutte et que la chambre à coucher n'est pas un champ de bataille. C'est en faisant équipe que toute la famille dormira du sommeil du juste, vous verrez.

Je vous souhaite une bonne lecture ainsi que beaucoup de patience et de calme sur le chemin des nuits complètes.

CHAPITRE 1

L'environnement

« J'avais installé le lit de mon bébé dans ma chambre parce que nous trouvions ça plus pratique avec le papa. Un jour de grande fatigue, nous nous sommes endormis sur le canapé et nous avons réalisé que notre bébé avait dormi 7 heures d'une traite ! Nous l'avons donc installé dans sa propre chambre la nuit suivante et "l'exploit" s'est reproduit. En fait, nous le dérangions dans son sommeil quand nous allions nous coucher ».

Camille, 28 ans.

« Comme on fait son lit, on se couche », dit le proverbe. C'est particulièrement vrai en ce qui concerne les bébés.
Votre enfant a besoin d'un lit accueillant et d'un environnement propice au sommeil. Vous avez certainement préparé une chambre et soigné la décoration pour votre bébé avant sa naissance. Peut-être y dort-il déjà ou peut-être dort-il dans un berceau installé dans la chambre parentale.
Il n'y a pas de recette universelle pour favoriser le sommeil de votre bébé, mais en adaptant son environnement à ses propres besoins et à sa propre personnalité, vous pourrez l'aider grandement à améliorer son sommeil en respectant ses cycles et ses envies primaires de bébé.

Certaines règles permettent à votre bébé de dormir en toute sécurité et de minimiser au maximum les risques de mort subite du nourrisson. Plus votre bébé sera sécurisé, moins vous, les parents, serez inquiets. Pensez donc à vérifier si les conditions suivantes sont respectées :

- Votre bébé est installé sur le dos, sur un matelas ferme sans oreiller et sans bordure de protection (tour de lit).
- La température idéale de la chambre est de 18 °C.
- Utilisez une turbulette (aussi appelée gigoteuse) pour couvrir votre bébé s'il a froid, variez les textiles selon les saisons mais n'utilisez pas de couverture.

• La chambre ne doit pas être enfumée par la cigarette ou une quelconque drogue. De manière générale pour la santé de votre bébé, ne laissez personne fumer à ses côtés.

• Débarrassez le lit des oreillers, doudous et autres peluches. Le lit doit être aux normes de sécurité avec des barreaux espacés de 4,5 à 6,5 cm. Pensez également à l'installer loin des courants d'air et des radiateurs, sans objets lourds accrochés au-dessus (cadres ou décorations). De manière générale, pour la bonne santé de votre enfant, la pièce ne doit être ni trop humide, ni trop sèche, et aérée 5 minutes par jour quelle que soit la saison.
Pour une meilleure sécurité, ôtez également les colliers (comme ceux en ambre par exemple) avant le coucher.

Que penser du co-dodo ?

Il s'agit d'un système où le bébé dort dans le lit parental tout contre sa maman et peut, s'il est allaité, boire sans se réveiller ou sans réveiller sa maman, car le sein est à portée de bouche. Pratique mais attention, le co-dodo doit se faire en respectant des règles de sécurité pour éviter les chutes et les risques de suffocation :

• sur un matelas à même le sol ;

• sans couverture ou sans drap sous lequel pourrait se glisser le bébé ;

- avec une sécurité sur le bord du matelas pour éviter la chute du bébé ;
- par des parents qui n'ont pris ni alcool, ni drogue, ni somnifère ;
- dans une maison où l'on ne fume pas.

Les études concernant le co-dodo et la mort subite du nourrisson étant en défaveur du co-dodo, nous ne vous conseillons pas de partager votre lit avec votre bébé.
Une fois la sécurité de votre bébé optimisée, vous pouvez vous pencher sur d'autres détails qui peuvent faire la différence et imprimer à l'heure du coucher et à la nuit une ambiance propice au sommeil.

1 La nuit, il fait noir

Les premières semaines, il est normal que votre enfant confonde un peu le jour et la nuit. Commencez donc à lui donner des repères dès la naissance en marquant une différence entre le jour et la nuit. En journée, laissez-le dormir dans une pièce où la lumière du soleil entre sans la tamiser. Ne faites pas particulièrement attention au bruit que vous faites, votre bébé peut sentir qu'il y a de l'activité autour de lui, car c'est la journée. Certains nourrissons préfèrent d'ailleurs dormir dans une atmosphère où l'on s'active autour d'eux, car cela les rassure.

La nuit, faites dormir votre enfant dans une pièce où il fait noir. Même si vous pensez que votre enfant peut avoir peur dans le noir, un nourrisson n'a pas cette appréhension. Lors des réveils nocturnes, allumez une veilleuse pour y voir clair lors du change mais pas de plafonnier ou de lumière crue, et donnez le sein ou le biberon dans la pénombre afin d'éviter que votre enfant ne soit trop stimulé.

En marquant les différences entre le jour et la nuit, vous l'aidez petit à petit à établir ses cycles de sommeil.

2 La nuit, c'est le silence

Chut... Tout comme on signifie au bébé que c'est la nuit en restant dans l'obscurité, on ne parle pas la nuit, ou au minimum. Si vous voulez rassurer votre bébé ou échanger avec votre conjoint, chuchotez mais ne parlez surtout pas à voix haute comme en plein jour pour ne pas le stimuler.

3 Le soleil donne... un rythme !

Sortez pour une promenade avec votre enfant, tous les jours si possible quelle que soit la saison ! L'exposition aux rayons du soleil aide à mettre en place le rythme jour-nuit.

4 Un lit accueillant

Si votre bébé se raidit dès qu'on l'approche de son lit, cela veut certainement dire qu'il ressent une angoisse ou un inconfort dans cet univers. Faites du lit de votre enfant un lieu accueillant. Laissez-le jouer dans son lit en journée en lui mettant à disposition quelques jouets qu'il apprécie, chantez-lui des chansons en souriant quand il y est allongé, montrez-lui que son lit est un lieu où il peut se détendre et passer de bons moments. Il a peut-être juste besoin de votre aide pour l'apprivoiser et pour s'y sentir en confiance.

Cette astuce n'est à utiliser que si votre bébé semble avoir une appréhension à rester dans son propre lit, afin que la fonction première de ce dernier reste « le sommeil ».

5 C'est si doux

En ce qui concerne sa literie et ses vêtements de nuit, choisissez des matières douces et nobles qui lui offrent un environnement douillet et confortable. Misez sur les draps en jersey ou percale et fuyez le polyester qui fait transpirer, car les bébés peuvent beaucoup suer de la tête. Optez pour des bodies et des gigoteuses 100 % coton, mais aussi pour des pyjamas en bouclette de velours. Méfiez-vous des alèses doublées en plastique qui favorisent la transpiration, font du bruit quand le bébé bouge et mettent beaucoup de temps à sécher. Préférez les alèses en bambou qui sont respirantes ou en Tencel®, une matière technique récente qui se lave en machine et sèche facilement. Bannissez les matières synthétiques qui créent de l'électricité statique. Investissez également dans un bon matelas en bambou (anti-transpirant et anallergique) ou en latex (anallergique). Pendant deux années, votre enfant va passer plus de 12 heures par jour dans son lit de bébé, un bon matelas n'est donc pas un achat superflu. De plus, si vous avez d'autres enfants ensuite, un matelas de qualité pourra très bien prendre soin de toute la fratrie.

6 Lit ou berceau ?

Si vous en avez un à disposition, préférez le berceau ou le couffin les premières semaines pour rassurer votre bébé. Il vient de sortir du ventre où il était recroquevillé sur lui-même et où il était sans cesse en contact avec les parois utérines. Être dans un environnement plus petit qui l'enrobe davantage lui apporte plus facilement un sentiment de sécurité. Vous pouvez, vers l'âge de 1 ou 2 mois, le passer dans un lit de bébé classique. Si vous préférez le laisser dedans, pourquoi pas, mais dès que votre bébé se trouve à l'étroit ou qu'il commence à se retourner, il est temps de dire au revoir au couffin.

7 Les cocons

Depuis quelques années, des cocons pour dormir sont apparus sur le marché de la puériculture. Conçus initialement pour contenir dans une position recroquevillée apaisante les bébés prématurés, ils sont désormais accessibles au grand public. Si l'on ne peut nier que certains bébés dorment bien mieux dans ces cocons, le corps médical n'est pas unanime en ce qui concerne leur utilisation au regard du bon développement du bébé. Nous vous invitons donc à prendre l'avis de votre médecin si vous songez utiliser ce type d'accessoire.

8 Chez lui ou chez vous ?

Si votre bébé dort dans votre chambre, ses réveils nocturnes sont peut-être dus à votre présence. Malgré vos précautions pour être silencieux, vous le réveillez quand vous allez vous coucher, surtout si vous êtes une maman qui allaite car votre bébé peut sentir le lait maternel malgré la distance. Il peut également sentir votre présence quand il se réveille et cela peut l'encourager à se réveiller au lieu de se rendormir.

À l'inverse, si votre bébé dort seul et qu'il dort mal, il a peut-être besoin d'être rassuré par votre présence durant quelques semaines. Installez son lit dans la chambre parentale n'est pas un échec, c'est un moyen temporaire de lui apporter une sécurité.

Il n'y a pas de règle universelle en ce qui concerne le lieu où les enfants dorment le mieux, alors testez différentes options et voyez celle qui convient le mieux à votre enfant.

Espérons que votre bébé ne vous dérange pas ! Un bébé fait énormément de bruits pendant son sommeil (succion, gémissement, ronflement, respiration...)

9 Partager la chambre du grand frère

On a souvent peur de faire cohabiter un bébé avec son grand frère ou sa grande sœur. Pourtant, c'est parfois la solution pour un meilleur sommeil pour toute la famille. Le bébé, rassuré par la présence de l'aîné dont il entend la respiration et sent la présence, va dormir plus sereinement et bien souvent, le plus grand ne sera pas réveillé par les pleurs nocturnes de son cadet. À tester 2 ou 3 nuits de suite et à entériner s'il y a une amélioration.

10 La tête au nord

Le Feng Shui et nos grands-mères disent que dormir la tête au nord rend le sommeil profond et bénéfique. Sortez la boussole et retroussez vos manches pour un grand déménagement. Placez la tête de lit au nord et bonne nuit bébé ! De manière générale, n'hésitez pas à déplacer le lit et à l'éloigner au maximum des prises et appareils électriques.

11 En sourdine

Si vous utilisez un écoute-bébé pour entendre votre enfant la nuit, ne le réglez pas sur le son maximum. Il peut en effet réveiller bébé qui dort dans une autre chambre et qui pleure un peu dans son sommeil, le comble !

L'écoute-bébé peut engendrer une sorte de dépendance et vous aurez peut-être du mal à vous en séparer, même dans des situations où vous seriez en capacité de vous en passer. Ne l'utilisez pas si votre bébé est dans la chambre juste à côté et servez-vous-en uniquement s'il y a une distance entre bébé et vous. Rassurez-vous, vous entendrez votre bébé pleurer même dans votre sommeil.

Investissez dans un appareil de qualité pour éviter les grésillements et autres interférences. On a déjà vu des parents être réveillés par le bébé des voisins qui pleurait et dont l'écoute-bébé était sur la même fréquence alors que leur bébé à eux dormait à poings fermés... Ironique, n'est-ce pas ?

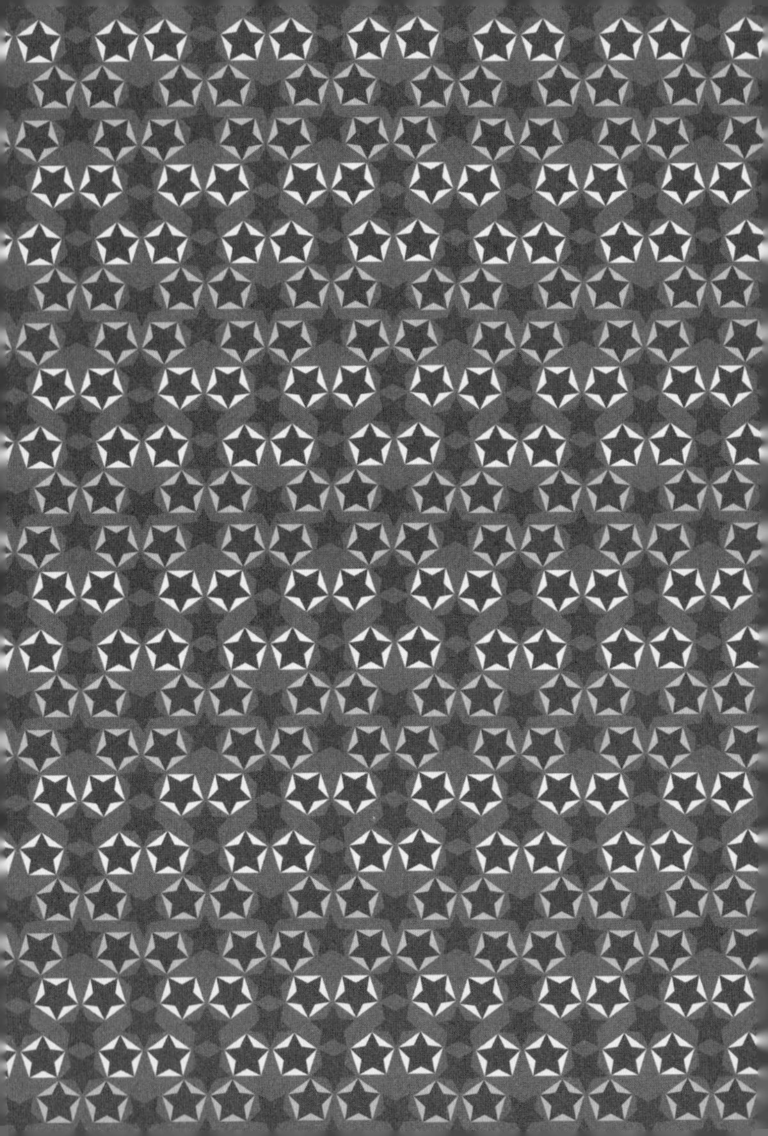

CHAPITRE 2

L'organisation et les rituels

« À la sortie de la maternité, je donnais le bain un soir sur deux comme on me l'avait recommandé. J'ai constaté que ma fille dormait plus longtemps les soirs où elle avait pris un bain, du coup, je lui en donne un chaque soir ».

Amélie, 30 ans.

Durant les premières semaines, votre bébé ne pose pas de souci en ce qui concerne le sommeil. Il dort tout le temps, ou presque, et se réveille essentiellement pour manger, notamment la nuit. Vous pouvez l'emmener partout même si vous sortez le soir, il dort facilement contre vous, dans les bras ou dans sa poussette... Il n'a pas besoin de grand-chose pour dormir d'un sommeil de plomb.

C'est quand il grandit un peu que les choses peuvent se compliquer et que le sommeil peut poser des soucis pour le rythme de la famille, et notamment pour le sommeil des parents.

Les bébés sont des petits êtres immatures, en plein développement, et certains ont particulièrement besoin de repères et d'habitudes pour être sereins. D'autres s'habituent à tout, mais si vous avez ce livre entre les mains, il y a fort à parier que votre bébé fait partie de la première catégorie.

L'idée est donc de lui offrir le maximum de sécurité en organisant la vie familiale (et surtout le coucher) de manière régulière. C'est en instaurant des rituels qui lui donnent des repères que vous aidez votre enfant à être en confiance.

Cela semble compliqué, quand on devient parent pour la toute première fois, de devoir organiser la vie autour du bébé. Mais c'est pourtant une nécessité pour aider votre enfant à accéder à un sommeil de qualité.

Modérez donc les déplacements du soir ainsi que les longs voyages si votre enfant peine à s'endormir ou se réveille de nombreuses fois la nuit. Essayez de lui apporter un environnement aussi stable que possible avec des repères de lieux et de temps. En effet, s'il a visiblement du mal à trouver son rythme, il a encore plus besoin de votre aide pour le faire.
Les journées trop stimulantes peuvent aussi engendrer des nuits difficiles. Quand on voit du monde, le bébé passe de bras en bras et il peut être agacé par le brouhaha ambiant. Ces journées peuvent ensuite se payer la nuit où l'enfant va exprimer par les pleurs les insécurités ressenties dans la journée.
Avec un enfant qui dort bien et qui semble s'accommoder de tout, on ne se pose pas la question de limiter les sorties et les va-et-vient à la maison puisque, visiblement, cela n'affecte pas son sommeil. Chez un bébé qui a des nuits agitées et qui pleure beaucoup, c'est un paramètre important à prendre en compte.

12 Précieux doudou

En général, on donne d'office un doudou, mais bébé peut rapidement montrer des préférences. Choisissez-le dans une matière douce et de petite taille pour que votre enfant puisse le prendre en main facilement quand il en sera capable.

Le doudou permet à votre enfant d'avoir une présence, de s'endormir en touchant et en respirant quelque chose de rassurant. Plus tard, ce doudou fera aussi office d'objet transitionnel et l'aidera à gérer les modifications de son quotidien, comme la séparation d'avec sa maman ou l'arrivée dans un nouveau lieu.

13 Le petit train

Observez votre enfant et surveillez les signes qui annoncent son sommeil. Chaque bébé montre ses propres signes de fatigue, à vous d'enquêter pour trouver les siens : il bâille (facile), il se frotte les yeux, il se gratte les oreilles, il geint, il essaie de cacher son visage sous quelque chose, il se recroqueville sur lui-même, ses yeux papillonnent ou restent fixes... En journée et surtout le soir, dès que votre enfant montre des signes de fatigue, mettez-le au lit pour qu'il attrape son train du sommeil. Un train raté peut générer un endormissement très difficile ensuite, car votre bébé sera fatigué et énervé et il pourrait ne plus trouver le sommeil.

14 Toujours le même ordre

Autant que possible, instaurez une routine du soir. Bain, biberon ou tétée, câlin, musique, mobile et dernier bisou... À vous de voir quel ordre fonctionne le mieux. L'important est de donner à votre bébé des repères qui vont lui faire comprendre qu'arrive l'heure du coucher pour la nuit, un moment qui est différent du coucher pour la sieste.

L'ordre de la routine du soir l'amène de manière répétée vers le sommeil de nuit, cela le rassure. Au fur et à mesure, il intègre que ce coucher est différent et qu'il induit un sommeil plus long.

15 On remet ça

Si, un soir, vous trouvez que le coucher et la nuit qui s'en est suivie se sont particulièrement bien déroulés, bingo ! Essayez de reproduire la séquence à l'identique le soir suivant, il est possible que vous ayez trouvé la routine qui convient le mieux à votre bébé. Si le lendemain, la séquence se passe moins bien, réfléchissez aux petites différences qui peuvent exister et ne vous découragez pas. En cherchant, vous finirez par trouver.

16 Un carnet d'habitudes

En tant que jeune maman ou jeune papa, on a le cerveau un peu ramolli par les émotions et le manque de sommeil. Pour ne rien oublier et pour faire le bilan de temps à autre sur le fonctionnement de votre bébé, écrivez ce qu'il se passe au quotidien. Dédiez un carnet au rythme de votre enfant. Dedans, vous y noterez brièvement ses horaires de repas (chez le bébé allaité, ne cherchez surtout pas à déceler un rythme !), ses heures de sommeil et ses temps de pleurs en utilisant quelques indications (+ ou –) selon la qualité de son sommeil ou l'intensité de ses pleurs par exemple.

Faites le point de temps en temps pour repérer les meilleurs temps de sommeil et pour comprendre ce qui a pu les induire. Essayez également d'analyser les raisons des réveils (couches, faim, câlins...) et voyez si vous pouvez modifier quelque chose dans votre routine pour améliorer ses nuits.

17 Sa chanson à lui

La musique adoucit les mœurs et votre bébé ! Si vous chantiez une berceuse à votre enfant quand il était *in utero*, n'hésitez pas à la lui chanter de nouveau au coucher. Si ce n'était pas le cas, choisissez une chanson spécialement pour le coucher. Testez différentes chansons et, suivant ses réactions (sourire aux anges, expression de bien-être, grimace...), il guidera peut-être lui-même votre choix. Ajoutez son prénom dans la chanson, cela la rendra unique ; elle pourra l'accompagner tout au long de son enfance et il se sentira spécial quand il l'entendra. Par exemple, on peut remplacer « Ma petite est comme l'eau » par « Maëlys est comme l'eau » dans L'*Eau vive* de Guy Béart.

18 Boîte à musique ou mobile

Quand vous faites le dernier câlin à votre bébé avant de le coucher, vous pouvez lancer une boîte à musique ou un mobile musical installé au-dessus de son lit. Une fois le bébé déposé dans son lit, relancez la machine pour un tour complet et éclipsez-vous sur la pointe des pieds. Attention à ne pas installer la boîte à musique trop près de son lit, car leur son est parfois un peu fort.

19 Massage, bébé sage

Après le bain, prenez un peu de temps pour masser votre enfant. Chauffez dans vos mains un peu d'huile spéciale massage pour bébé (attention à ne pas utiliser une huile ou un baume de massage adulte contenant des huiles essentielles) et massez votre bébé, la main bien à plat en gardant toujours le contact avec lui. Parlez-lui doucement pour en faire un vrai moment de détente pour lui et pour vous. Ce contact doux le détend et le met dans de bonnes dispositions pour aborder le sommeil. Certains bébés n'apprécient pas du tout les massages, le plus souvent parce qu'ils ont froid. Pensez donc à effectuer cette petite séance dans une pièce bien chauffée afin de ne pas risquer d'obtenir l'effet inverse de celui escompté.

20 Changer l'heure du bain

Bien souvent, on donne le bain le soir parce qu'il fatigue bébé. Avant le repas, parce que si on le donne juste après, le bébé peut régurgiter plus facilement. Le bébé bien fatigué est donc ensuite invité à boire sa ration de lait avant de se coucher pour la nuit. Mais peut-être est-il alors trop fatigué, incapable de boire suffisamment pour apaiser complètement sa faim et pour affronter la période du jeûne nocturne. Testez le bain le matin, il mangera peut-être avec plus d'entrain le soir.

21 Un dernier change pour la route

Même si vous en avez mis une propre il y a 20 minutes, changez à nouveau la couche de votre bébé juste avant de le mettre au lit pour la nuit si vous avez remarqué que cela le dérange particulièrement d'avoir les fesses humides.

22 Le besoin de succion

Les bébés ont un fort besoin de succion, certains en ont même un besoin extrêmement fort. Vous pouvez proposer votre petit doigt à téter pour calmer votre enfant ; le problème, c'est que vous avez aussi besoin de votre main pour faire d'autres choses.

On l'appelle la tétine, la sucette, la tototte, la suce, le bouchon... Vous y étiez peut-être absolument opposé, mais ça, c'était AVANT d'avoir un bébé qui vous réveille la nuit ! La tétine apporte alors une réponse à ce besoin pressant, elle calme les bébés et leur permet de fabriquer des hormones qui leur procurent du bien-être. Il ne faut donc pas voir la tétine comme un ennemi (on en reparlera quand votre enfant aura 3 ans et ne voudra pas s'en séparer), mais plutôt comme un allié.

Attention : chez les bébés allaités, on conseille d'attendre quelques semaines avant de proposer la tétine pour ne pas perturber la mise en route de la lactation.

CHAPITRE 3

Les soucis au coucher

« Tous les soirs, à la même heure, ma fille de 6 semaines pleure à en devenir toute rouge pendant au moins une heure.
Je ne sais plus quoi faire, je me sens impuissante car je n'arrive pas à la calmer et son papa non plus ».

Mélanie, 23 ans.

Les premiers mois, les bébés n'ont aucun moyen de s'exprimer et ne peuvent le faire qu'en pleurant. Qu'il s'agisse d'un inconfort léger ou d'une vraie douleur, ils l'expriment en pleurant, mais pas forcément avec la même intensité. Certains parents décodent très bien les pleurs de leur nourrisson en les différenciant suivant les besoins, mais cela n'est pas évident pour tout le monde.

En tout cas, rassurez-vous, si votre enfant pleure beaucoup, il n'est pas « anormal » ou « bizarre ». Il est fréquent qu'un bébé de moins de 3 mois passe plusieurs heures de sa journée à pleurer. Demandez aux parents de votre entourage (ceux avec qui vous êtes assez intimes pour qu'ils vous disent la vérité) et vous verrez : rares sont les bébés qui n'ont pas pleuré de longues heures durant leurs premiers mois de vie.

Les pleurs ont tendance à redoubler quand la nuit approche et font de l'heure du coucher un moment d'extrême angoisse, pour le bébé, mais aussi pour ses parents, démunis face à ce petit être qui s'égosille tant qu'il peut. Cela peut durer une dizaine de minutes ou plusieurs heures, et cela semble interminable pour tout le monde.

Ces pleurs traduisent les angoisses de votre bébé mais sont aussi sa réponse aux stimulations de la journée. En plein apprentissage, en plein développement à tous les niveaux, votre

bébé est extrêmement stimulé et n'a d'autres moyens pour exprimer tout cela que de pleurer. On appelle ces pleurs des « pleurs de décharge », car ils lui permettent d'extérioriser tout ce qu'il peut pour se soulager.
Si effectivement, ces pleurs sont impressionnants, il ne s'agit en aucun cas d'un caprice. Votre enfant a besoin de vous, de votre présence, de vos bras, de votre voix pour se sentir accompagné durant ce moment épuisant pour lui. Ne laissez pas votre bébé hurler seul dans son lit. Relayez-vous, portez-le, bercez-le, faites-lui sentir que vous êtes à ses côtés. C'est le meilleur moyen de le rassurer et de lui permettre de passer au-delà de ses angoisses et de ses émotions fortes. Bien souvent, les pleurs s'arrêtent brutalement et l'enfant sombre alors dans un sommeil profond.
Peut-être entendrez-vous un culpabilisant « arrête de l'endormir dans tes bras, tu vas l'habituer », peut-être serez-vous fatigués de devoir promener ce bébé qui hurle dans tout l'appartement, mais cela ne dure qu'un temps.
Une fois cette phase difficile et épuisante passée, le coucher peut être compliqué pour d'autres raisons. Votre enfant peut avoir besoin d'être accompagné plus spécifiquement pour trouver le sommeil. Soyez attentifs à ses besoins et à ses demandes, vous avez la ressource en vous pour y répondre au mieux.

23 Le garder contre soi

Durant les pleurs du soir et durant la nuit, ne laissez pas votre bébé faire face seul à ces crises qui sont assez éprouvantes. Il a besoin d'être contre vous, de vous sentir, de retrouver les sensations qu'il avait *in utero*. Votre chaleur, votre souffle, le battement de votre cœur, tout cela le rassure, en particulier s'il s'agit de la maman. Le bébé a besoin de ce contact charnel avec vous pour se sentir bien. S'il s'endort sur vous, mettez-le ensuite dans son lit pour continuer sa nuit.

24 Poser bébé dans son lit

Une fois que vous avez en tête ce que l'on vient de vous expliquer dans l'astuce précédente, testez l'inverse. Posez votre bébé dans son lit pendant qu'il pleure. Oui, cela peut vous paraître étonnant, mais c'est une chose à tester, au moins une fois. Laissez-le donc dans son lit, mais restez à côté de lui.

Si vous avez l'habitude d'endormir bébé dans vos bras et que cela semble compliqué, qu'il s'agite, même chose, essayez de le poser dans son lit pour voir s'il trouve mieux le sommeil tout seul.

25 Apprendre à poser son bébé dans son lit

Votre bébé s'est assoupi et dort paisiblement dans vos bras. Pourtant, dès que vous le posez dans son lit, il se réveille ! Apprenez à le poser le plus doucement possible pour que le changement de position et la différence de chaleur ne le réveillent pas. Gardez le bébé près de votre corps le plus longtemps possible, en lui maintenant les bras croisés sur le torse. Puis, déposez-le sur le lit, sur le côté et non pas en arrière, afin d'éviter le réflexe de Moro (les bras qui se lèvent au ciel quand vous le mettez en arrière). Enfin, faites-le pivoter doucement sur le dos. L'idée est de faire tout cela au ralenti pour que le bébé ne soit pas dérangé.

26 Souvenir de l'accouchement

Certains bébés ont souffert durant l'accouchement et vont pleurer ou s'agiter chaque jour à heure fixe durant leurs premières semaines de vie. Dans ces moments-là, prenez-le dans vos bras et n'hésitez pas à faire un peau à peau (voir astuce n° 29) avec lui. Il a besoin d'être rassuré et en contact physique avec vous pour appréhender sa peur.

27 La main qui rassure

Quand vous déposez votre bébé dans son lit, qu'il soit endormi ou réveillé, le passage de vos bras à son lit est un moment crucial où vous vous séparez. Pour maintenir le contact entre vous et vous détacher doucement, posez la main sur son torse et laissez-la quelques minutes. La chaleur de votre main prolonge le contact physique en l'allégeant.

Ne maintenez pas de pression, mais suivez le mouvement de la petite cage thoracique qui se soulève. Au bout de quelques minutes, quand votre bébé semble respirer calmement et régulièrement, soulevez tout doucement votre main et éloignez-vous sur la pointe des pieds. Ce geste peut aussi rassurer un bébé qui pleure dans son lit au milieu de la nuit.

28 Massage spécial dodo

Une fois votre bébé installé confortablement dans son lit, effectuez un petit massage pour l'aider à trouver le sommeil. Avec votre pouce ou avec votre index et votre majeur réunis, massez de haut en bas la petite zone comprise entre ses sourcils. À chacun de vos passages, ses yeux vont se fermer de plus en plus longtemps.

29 Le peau à peau

Quand votre bébé semble inconsolable ou inquiet, laissez-le en couche, mettez-vous torse nu et glissez-vous tous les deux sous la couette dans la pénombre. Installez-le à plat ventre sur votre torse, en lui repliant les jambes. Vous pouvez lui caresser délicatement le dos et lui chantonner une petite berceuse. Laissez alors la magie du peau à peau agir. Il est notamment préconisé pour les prématurés. C'est un moment privilégié entre le parent et le bébé. Les premières semaines de vie de votre bébé, le peau à peau, particulièrement avec la maman, permet de faire la transition entre l'univers utérin dans lequel baignait le bébé et le monde extérieur. Il favorise également le développement du lien affectif entre l'enfant et son parent. Vous pouvez le pratiquer sans modération dès la naissance, quand votre bébé est réveillé et pour le calmer avant le coucher !

30 Marchons, marchons

Le mouvement de votre corps quand vous marchez berce bébé, l'aide à calmer ses pleurs et, bien souvent, à trouver le sommeil. Vous pourrez entendre autour de vous qu'il ne faut pas le faire, au risque de l'habituer, mais si cette technique fonctionne avec votre enfant, vous auriez tort de vous en priver. Plus vous sécuriserez votre bébé en l'aidant à accéder au sommeil sans angoisses, plus rapidement il se sentira armé et autonome pour s'endormir seul.

31 Viens que je t'écharpe

Aux grands maux les grands remèdes ! Si vous n'arrivez pas à endormir votre bébé dans son lit et qu'il ne s'assoupit que dans vos bras, vous vous retrouvez « coincé » sans pouvoir utiliser vos mains jusqu'à ce que bébé se calme et décide de s'assoupir. Comme cela peut durer pas mal de temps et que vous avez parfois besoin de satisfaire quelques besoins vitaux (comme vous nourrir, vous servir un verre d'eau, aller aux toilettes ou attacher vos cheveux en queue de cheval) vous avez aussi besoin d'utiliser vos deux mains.

L'écharpe de portage est alors la meilleure solution pour endormir bébé tout en vous permettant de rester actif. L'écharpe est un morceau de tissu de plusieurs mètres que l'on noue de différentes manières pour porter le bébé. Elle s'utilise dès la naissance et permet de maintenir le bébé contre soi. Cela le rassure, car il est maintenu contre le parent, dans son odeur et sa chaleur. Vos mouvements lui rappellent ses sensations de fœtus. Étant donné que le bébé est porté par l'écharpe, vous retrouvez l'usage de vos mains et tout le monde est beaucoup plus détendu.

Si jamais le côté technique des nœuds de l'écharpe de portage vous effraie, il existe désormais des porte-bébés physiologiques tout à fait confortables pour les parents et le bébé. Ils s'attachent en quelques clips et sont utilisables dès la naissance grâce à des systèmes de réducteurs.

32 À mon signal sonore : dormez !

Trouvez un son de bouche répétitif que vous pourrez utiliser à chaque fois que vous endormez votre bébé. Cela peut être un chuintement, un ronronnement, une syllabe répétée à voix basse... Ce bruit doit être associé à l'endormissement pour votre enfant. Quand vous voyez qu'il commence à sombrer dans le sommeil ou que ses yeux papillonnent, faites le bruit choisi (tout le temps le même). Ainsi, votre bébé associera ce son à la plongée dans le sommeil. Vous pourrez alors le réutiliser pour l'aider à s'endormir ou à se rendormir lors des réveils nocturnes.

33 La bonne température

Votre bébé a peut-être du mal à s'endormir parce qu'il a froid. Les bébés ont du mal à réguler leur température corporelle les premières semaines. Mettez-lui un petit gilet, une paire de chaussettes, un bonnet en coton et voyez si cela améliore son endormissement et la qualité de son sommeil. Si, au contraire, vous vivez dans un environnement chaud et que votre bébé transpire dans son lit, faites le test de le laisser s'endormir en body ou avec un pyjama léger.

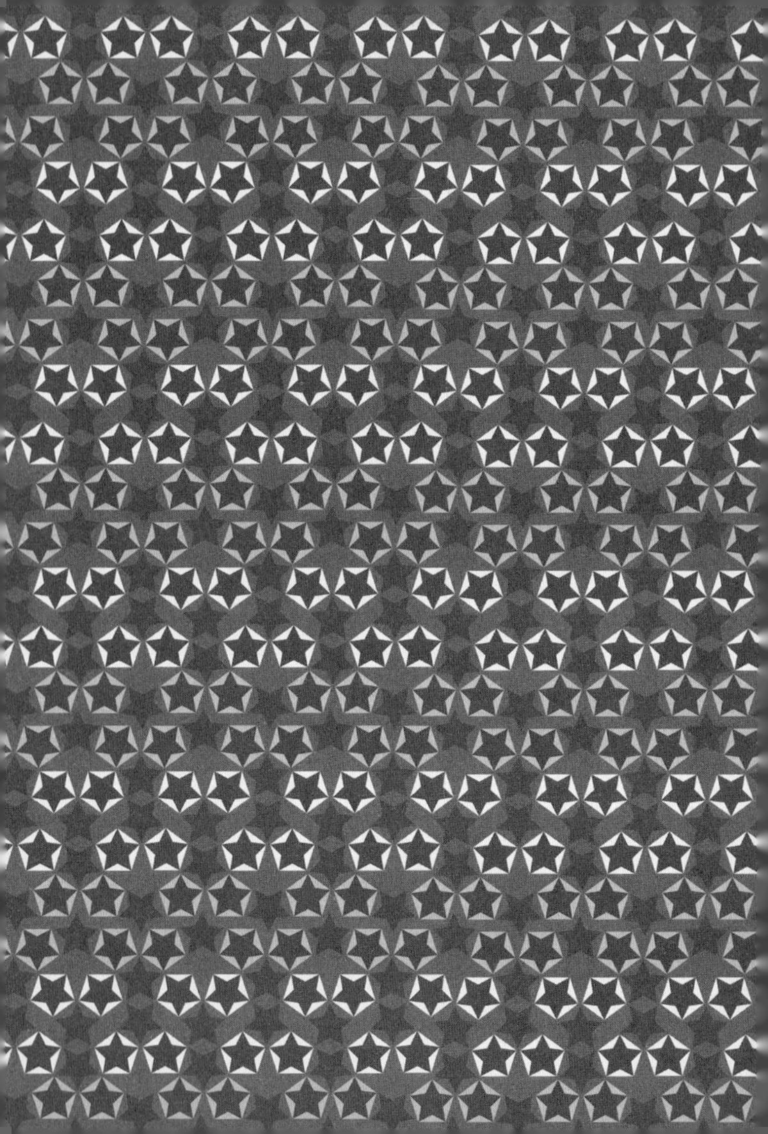

CHAPITRE 4

Les réveils nocturnes

« Avant d'avoir un bébé, la fatigue, on sait ce que c'est. Une fois que le bébé est là, la fatigue, on vit avec ».

Bertrand, 36 ans.

COMPRENDRE

Ah qu'ils sont difficiles ces réveils au milieu de la nuit… Particulièrement ceux entre 2 h et 5 h du matin, vous ne trouvez pas ?
Ce qui est dur finalement, au-delà du manque de sommeil, c'est le fait de ne plus avoir du tout de prise. En se couchant, on s'endort sans savoir si on sera réveillé, à quelle heure et surtout combien de fois. La privation de sommeil est une torture, mais l'incertitude aussi !
Pourtant, ces réveils sont tout à fait normaux. Avant 3 mois, votre bébé a besoin de manger la nuit, rares sont les enfants qui dorment 5 heures d'affilée avant cet âge. Deux ou trois réveils par nuit sont tout à fait classiques.
On parlait auparavant d'un seuil minimum de poids : il fallait attendre que le bébé pèse 5 kilos pour être capable de faire ses nuits sans manger. Le fait est que chaque bébé est différent et que cette règle des 5 kilos ne se vérifie pas. Des bébés de 3,5 kilos feront de belles nuits avant leur premier mois et de beaux bébés sumos ne dormiront pas des nuits complètes avant un bon moment. À chacun son rythme, à chacun son métabolisme !

Entre 3 et 6 mois, il est encore tout à fait classique qu'un bébé se réveille pour manger ou pour être rassuré. Il faut alors l'accompagner de différentes façons pour l'amener à faire des nuits d'une seule traite.
Dans tous les cas, on ne laisse pas bébé pleurer seul, son stress prenant alors des proportions difficilement gérables et lui laissant un fort sentiment d'insécurité. Même si on vous le conseille, même si on faisait ça avant, on ne laisse plus pleurer un bébé seul avec ses angoisses. On le rassure, on cherche une réponse.
Adaptez votre attitude, écoutez ses pleurs, ne vous laissez pas gagner par l'angoisse qui monte facilement au milieu de la nuit.
Prenez le temps de réfléchir et d'analyser ce qu'il se passe pour mieux comprendre ces réveils et pour mieux agir en conséquence.
Certes, il est difficile de sortir la tête du guidon quand on est un jeune parent qui ne fait plus « ses nuits » depuis plusieurs mois, mais il va falloir trouver en vous la lucidité nécessaire. Allez, buvez une tasse de café bien fort et revenez lire la suite !

34 Fuyez !

Si on vous dit « Laisse-le pleurer » : fuyez. Qu'il s'agisse de vos parents, de vos amis ou de votre médecin, laisser pleurer n'est jamais une bonne idée, particulièrement avec un bébé de moins de 6 mois. Même s'ils ne pleurent plus au bout de quelques jours, les bébés qu'on laisse pleurer présentent toujours un taux de cortisol (hormone du stress) très élevé. Ainsi, votre bébé est silencieux mais pas forcément serein.

35 Le câlin

Oui, votre bébé a besoin de câlins. Il a besoin d'être rassuré, entouré, cajolé, embrassé. Il a besoin de sentir l'odeur de sa maman, d'entendre son cœur qui bat et de retrouver des sensations qu'il a vécues *in utero*. Il vient de plonger dans le grand monde qui lui paraît froid et immense. Le câlin est un bon moyen de réassurance dont il ne faut pas le priver. N'ayez pas peur de lui donner de mauvaises habitudes, surtout s'il a moins de 6 mois, et encore plus particulièrement s'il a moins de 3 mois.

36 Patience

C'est sûrement l'un des conseils les plus difficiles à appliquer : ne pas accourir au chevet de bébé quand il pleure ou s'agite en pleine nuit. Attention, on ne vous demande pas de le laisser hurler de longues minutes sans lui apporter de réconfort. Il s'agit là de patienter 30 secondes à 1 minute 30 quand il se met à émettre des sons ou à pleurer au milieu de la nuit. Pourquoi ? Tout simplement parce qu'il n'est peut-être pas réveillé et que c'est votre intervention qui pourrait le réveiller. Il peut aussi être réveillé, mais laissez-lui une chance de se rendormir seul, car aussi étonnant que cela puisse vous paraître, il est possible qu'il y parvienne. Il est compliqué de doser cette patience nocturne pour de multiples raisons : la nuit, les secondes se transforment en minutes, on ne veut pas réveiller toute la maison ou tout l'immeuble, on ne veut pas que les pleurs empirent… Et puis, en ce qui concerne les mamans, il y a cette sensation désagréable dans le ventre quand on entend le pleur de son bébé sortir de la nuit.

Testez déjà sur une nuit ou deux et voyez si cela change quelque chose, en espérant que cela soit pour le mieux.

37 Respect !

Respectez le sommeil de votre enfant. On ne réveille pas un bébé qui dort en journée dans l'espoir qu'il dorme mieux la nuit. C'est le meilleur moyen de perturber son sommeil et de le rendre ronchon. Le coucher du soir risque d'être compliqué pour votre bébé qui sera fatigué et donc qui s'énervera plus facilement. On dit d'ailleurs que plus un bébé dort, plus et mieux il dort.

38 En position verticale

Un petit rot coincé peut réveiller votre bébé en lui faisant mal. Mettez-le en position verticale quelques minutes pour voir si un rot sort. Une fois le rot sorti, votre bébé va replonger rapidement dans le sommeil.

39 Laisser bébé dans son lit

Lors d'un réveil nocturne, essayez de rassurer bébé sans le prendre dans vos bras. Parlez-lui doucement, caressez-le, mais ne le sortez pas du lit. Cela peut suffire à le rassurer et à lui permettre de se rendormir seul rapidement.

40 En mode espion

Avec un bébé sensible à tout ce qu'il se passe autour de lui et dont le sommeil est en pleine structuration, on passe en mode 007. Réveillez le James Bond qui sommeille en vous (sans mauvais jeu de mots) et prenez le maximum de précautions quand vous venez dans la chambre de votre bébé lors de ses réveils nocturnes (et chaque fois que vous avez besoin de venir dans la chambre où dort bébé). Enlevez vos chaussures, marchez sur la pointe des pieds, respirez doucement et ne parlez pas. Votre mission si vous l'acceptez, est de gérer ce réveil avec le plus de discrétion possible pour que bébé se rendorme rapidement.

41 Décodeur

Comprendre rapidement ce dont a besoin votre bébé quand il se réveille, c'est pouvoir le soulager au plus vite et permettre à tout le monde de continuer sa nuit. Des réveils de courte durée sont plus faciles à faire disparaître que des réveils longs. Quand il se passe plein de choses (change, biberon, tétée, câlin...), cela donne au bébé le message que ces réveils sont « normaux » et cela entérine ces réveils de nuit en événements classiques et quotidiens.

Exercez-vous à reconnaître les pleurs, en prêtant attention à leurs variantes. Vous serez sûrement étonné de distinguer ces différences.

Les pleurs de faim sont plus graves, plus rauques, avec parfois un petit feulement animal. Ils vont crescendo.

Les pleurs d'inconfort ressemblent à des petits râles, comme si votre bébé couinait sur un mode lancinant.

Les pleurs de douleur sont eux plus aigus et parfois même stridents. Ils peuvent vous aider, par exemple, à repérer les crises de coliques ou une poussée dentaire.

Les pleurs de fatigue sont longs et peuvent se calmer si le bébé suce son pouce, une tétine ou qu'il se met en position pour trouver le sommeil.

42 Une chose à la fois

Lors d'un réveil nocturne, ne vous lancez pas forcément dans la folle trilogie : tétée ou biberon/câlin/change de la couche. Votre enfant n'a peut-être besoin que de l'un ou de l'autre. Or, opérer systématiquement tout le tintouin le stimule. Et un bébé stimulé a envie de faire la causette et de découvrir le monde, alors que c'est l'heure de dormir.

43 Un change tout doux

Pour éviter de surprendre bébé et de le réveiller plus qu'il ne l'est déjà lors du change, placez les lingettes ou le liniment destinés à lui nettoyer les fesses près du radiateur. Ainsi, le produit appliqué sera délicieusement tiède, et non froid.

44 Mets de l'huile

Huilez vos poignées de porte (ne riez pas, ce conseil a déjà sauvé plus d'une famille en détresse). Une poignée de porte qui grince = un bébé susceptible de se réveiller quand vous entrez ou sortez de sa chambre. Et que votre bébé se réveille à son initiative, c'est déjà parfois pénible, mais si en plus il se réveille de votre faute, c'est tout simplement déprimant.

45 Douce fermeté

Si tout semble en ordre, que vous avez fait un câlin, que vous avez donné à manger, que les fesses sont propres, vous pouvez alors tester une méthode douce et ferme pour rassurer votre bébé. Laissez votre enfant dans son lit et dites-lui clairement : « Tout va bien, c'est la nuit, c'est le moment de se reposer pour tout le monde. Je suis près de toi, on se voit demain matin ». Le ton assuré de votre voix rassure le bébé. Bien évidemment, il faut que vous pensiez ce que vous dites pour que cela fonctionne.

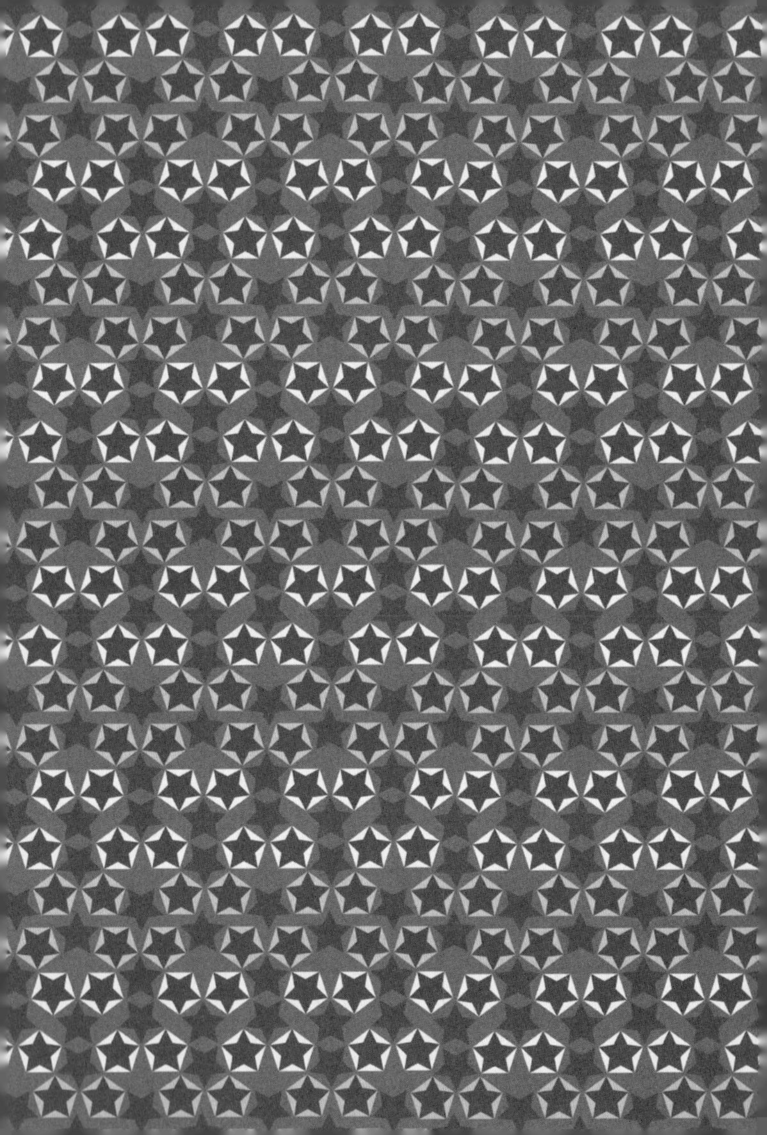

CHAPITRE 5

Le bébé allaité au sein

« La nuit, je n'arrive pas à savoir si mon bébé tète plusieurs fois par nuit parce qu'il a faim ou parce qu'il a besoin d'un câlin. Alors je lui propose systématiquement mais je me dis qu'il faudrait que j'essaye de comprendre un peu ce qu'il se passe pour que nous dormions mieux tous les deux ».

Leïla, 37 ans.

On entend souvent que les bébés allaités font leurs nuits plus tard que les bébés au biberon. Là encore, il n'y a pas de règle (et pas de justice).

Des bébés au sein dormiront comme des bienheureux durant 8 heures d'affilée à 1 mois, laissant à leur maman les seins bien lourds durant toute la nuit, d'autres se réveilleront toutes les heures pour téter quelques minutes et d'autres encore se réveilleront pour téter et ne plus se rendormir ensuite.

L'allaitement a ceci de très pratique qu'il propose une réponse dans la seconde aux pleurs de bébé en pleine nuit. Pas besoin de préparer de biberon, tout est prêt, à température. Il suffit de prendre le bébé et de le mettre au sein. Facile.

L'allaitement est un merveilleux moyen de nourrir et de câliner, mais le lait maternel se digérant plus vite que le lait en poudre, le bébé peut réclamer également plus souvent la nuit, surtout lors des premiers mois. Cependant, ce n'est pas un dogme et un bébé allaité peut aussi trouver un rythme qui convient à toute la famille très rapidement.

Pour sa bonne mise en place, l'allaitement doit être pratiqué à la demande, c'est-à-dire quand le bébé montre des signes d'éveil les premières semaines et des signes de faim par la suite. En tétant, le bébé va stimuler la lactation de sa maman et obtenir une réponse adaptée à son besoin en lait. Ainsi, il est déconseillé d'essayer d'espacer les tétées de nuit si votre bébé réclame, notamment les 3 premiers mois. Ensuite, vous pouvez vous poser la question « Pourquoi mon bébé se réveille-t-il ? Par faim, par besoin de câlins, par inconfort, par douleur ? » et chercher alors la réponse la plus adaptée à son état.
Même si tout est possible, comme on le dit au début de ce chapitre, on ne peut être aussi exigeant avec un bébé allaité qu'avec un bébé au biberon. Ce dernier, qui est rythmé dès sa naissance par des prises de biberon réglées, est moins susceptible de se réveiller pour manger que le bébé allaité à la demande.

46 La tétée câlin

Pour votre bébé, la tétée est un moyen d'apaiser sa fin, mais aussi un moment de bien-être extrême. Il suffit de regarder l'expression de son visage pendant et après pour en mesurer l'étendue. La tétée calme la faim, elle se fait dans un environnement chaleureux où le bébé renoue avec des sensations utérines. Il écoute les bruits du corps de sa maman, il retrouve sa position de fœtus en s'enroulant autour de son buste. Le lait chaud et sucré coule dans sa gorge, quel plaisir.

Parfois, votre bébé se réveillera non pas parce qu'il a faim mais parce qu'il a besoin de ce câlin. Il tétera non pas gourmandise mais pour se rassurer.

Ces réveils doivent être entendus et acceptés, particulièrement les 3 premiers mois de vie, car ils permettent à votre enfant de grandir en toute sécurité.

47 On s'endort sans le sein

Votre bébé s'endort exclusivement au sein et vous trouvez cela pesant, surtout que dès que vous lui enlevez le téton de la bouche, il le cherche automatiquement et se réveille. Le fait de s'endormir en tétant le sein lui fait croire qu'il en a besoin pour s'endormir aussi. Lors des réveils nocturnes, il va le réclamer, car il pense ne pas pouvoir faire sans.

Il va falloir vous armer de patience et établir une routine pour que l'automatisme de téter pour s'endormir disparaisse au fur et à mesure.

À chaque fois que votre enfant s'endort au sein, retirez-lui le sein doucement et maintenez-lui la bouche fermée en tenant son menton pour éviter le réflexe de succion, tout en le berçant. S'il se réveille, redonnez-lui le sein et répétez l'opération quand il se rendort.

En renouvelant cela tous les soirs, vous apprenez petit à petit à votre bébé à se passer du sein pour trouver le sommeil et faire sa nuit. Vous lui donnez ainsi les clés d'un sommeil autonome.

– La méthode présentée ici est librement inspirée de la méthode Pantley (Elizabeth Pantley, Un sommeil paisible et sans pleurs, Ada, 2005).

48 Une grosse tétée pour la route

Les premières semaines, testez cette routine : donnez le bain vers 19 h et tout de suite après, proposez une petite tétée. Cette petite tétée ne calera pas votre bébé qui se réveillera 2 ou 3 heures après. Alors, donnez-lui une longue tétée et proposez même les deux seins. Ainsi calé, il est fort probable qu'il dorme plus longtemps.

49 Tétée au lit

Pour stimuler le moins possible votre bébé toujours dans l'idée de lui faire comprendre que « la nuit, c'est la nuit et on dort », mais aussi pour le garder dans un état propice au sommeil, prenez-le avec vous dans votre lit et donnez-lui le sein en position allongée. Cela vous permettra de vous reposer et de partager un moment de bien-être sous la couette. Une fois la tétée terminée, recouchez votre bébé dans son lit. Attention cependant ! Restez vigilante : pour des raisons de sécurité, il vous faut éviter de sombrer dans le sommeil.

50 Cachez ce sein que je ne saurais sentir

Une maman qui allaite, ça sent le lait, surtout pour son bébé qui est hyper sensible. Évitez de rôder autour du lit de bébé quand il dort, car cela lui fera le même effet que si on vous passe sous le nez une tartine fraîchement grillée : cela lui ouvrira l'appétit ! Inutile de le stimuler sans raison.

51 C'est papa qui s'y colle

Avec l'allaitement, la fusion entre la maman et le bébé est à son comble. Il est alors parfois difficile pour la maman de prendre du recul et elle a alors tendance à répondre trop facilement et même à anticiper les sollicitations de son bébé. Le papa a alors un rôle très important, celui du tiers séparateur.

Envoyez-le plusieurs nuits de suite pour gérer les réveils. Le bébé qui ne sentira pas votre odeur sera aussi moins stimulé et le papa peut parfaitement bien se charger du change et du câlin.

52 Fausse bonne idée

N'écoutez pas ceux qui vous disent que votre bébé dormira bien mieux si vous le passez au biberon. Nombreux sont les témoignages de mamans qui regrettent d'avoir écourté leur allaitement sans

En revanche, vous pouvez essayer de prendre un peu vos distances. Par exemple, si votre bébé vient de prendre sa tétée et que tout est en ordre, restez à distance et rassurez-le en lui parlant doucement depuis la porte de sa chambre ou depuis votre lit s'il partage votre chambre.

53 Maman en forme

Pour optimiser la qualité et la production de votre lait, prenez soin de vous reposer au maximum et de vous alimenter correctement. Fatigue et alimentation anarchique peuvent entraîner des baisses de lait, donc obliger votre bébé à demander plus fréquemment pour être repu et à se réveiller plus souvent la nuit. Mangez trois fois par jour des repas équilibrés, ajoutez un goûter sans culpabiliser et dormez aussi souvent que vous en avez l'occasion (on sait, ce n'est pas souvent).

54 Pas d'excitant

Limitez au maximum votre consommation de café, thé et soda contenant de la caféine ou de la théine. Si certains bébés s'accommodent très bien des excitants qui passent dans le lait maternel, d'autres vont être véritablement excités et cela risque d'influer sur leur sommeil. Si vous êtes vraiment accro à ces boissons, essayez de limiter leur consommation au matin pour que l'effet de la caféine n'influe pas sur la nuit.

55 Alcool = nuit folle

On pense à tort que si la maman boit un petit verre d'alcool, ça ne changera rien ou mieux, que cela fera dormir le bébé. En réalité, le taux d'alcool contenu dans le lait est équivalent à celui contenu dans le sang. L'alcool, au lieu de faire dormir bébé, va plutôt avoir tendance à l'exciter. Avouez que vous ne regardez plus la coupette de champagne que l'on vous propose avec la même envie...

56 Éviction

Si votre bébé allaité semble avoir mal au ventre, essayez d'éviter durant quelques jours tous les produits laitiers. Si vous constatez une amélioration de son sommeil durant cette période, parlez-en à votre médecin, votre bébé est peut-être allergique aux protéines de lait de vache.

57 Gérer les jours de pointe

Vers 3 semaines, 6 semaines et 3 mois, il y a ce que l'on appelait avant les pics de croissance et que l'on désigne désormais comme des jours de pointe. Il semble que ces périodes correspondent à des moments de grandes évolutions pour votre bébé et qu'il ait particulièrement besoin de téter longtemps et souvent. Si vous traversez une de ces périodes, lâchez prise. Ne comptez pas le nombre de tétées et si votre bébé se réveille plus souvent qu'à l'accoutumée, rassurez-vous et dites-vous que c'est passager. Lui refuser le sein la nuit parce qu'il s'en passait les jours précédents pourra générer plus de soucis que de bénéfices pour les nuits à venir.

58 Le co-dodo, avec prudence

Nous ne pouvons ignorer que ce système permet aux mamans de dormir pendant que les bébés tètent eux aussi en dormant. Certaines familles vivent le co-dodo comme une vraie libération et tout le monde est bien moins fatigué le matin au réveil. Si vous êtes attiré par le co-dodo et qu'il améliore vos nuits, pratiquez-le en suivant les règles strictes édictées page 10-11. La question sera ensuite de voir comment faire évoluer ce co-dodo, puis dans quelles dispositions sera votre bébé et quand il rejoindra son propre lit.

59 Le berceau de co-dodo

Voilà une bonne alternative au co-dodo. Il s'agit d'un berceau qui se colle au lit parental. Le bébé a ainsi son espace de sommeil ouvert sur celui des parents, du côté de la maman pour faciliter les tétées de nuit. Le sommeil de chacun est préservé et les réveils nocturnes sont bien moins longs. Le berceau de co-dodo permet aussi de poser la main sur le bébé pour le rassurer quand il s'agite.

60 Fais ton rototo

On ne le sait pas forcément mais le bébé allaité peut aussi avoir des rots même s'ils sont très discrets. En tétant, il avale parfois un peu d'air. Après la tétée, même si votre bébé dort, redressez-le contre votre torse durant une petite minute pour laisser s'échapper le petit rot s'il y a besoin. Un rot coincé peut réveiller votre bébé et perturber ainsi son sommeil de nuit.

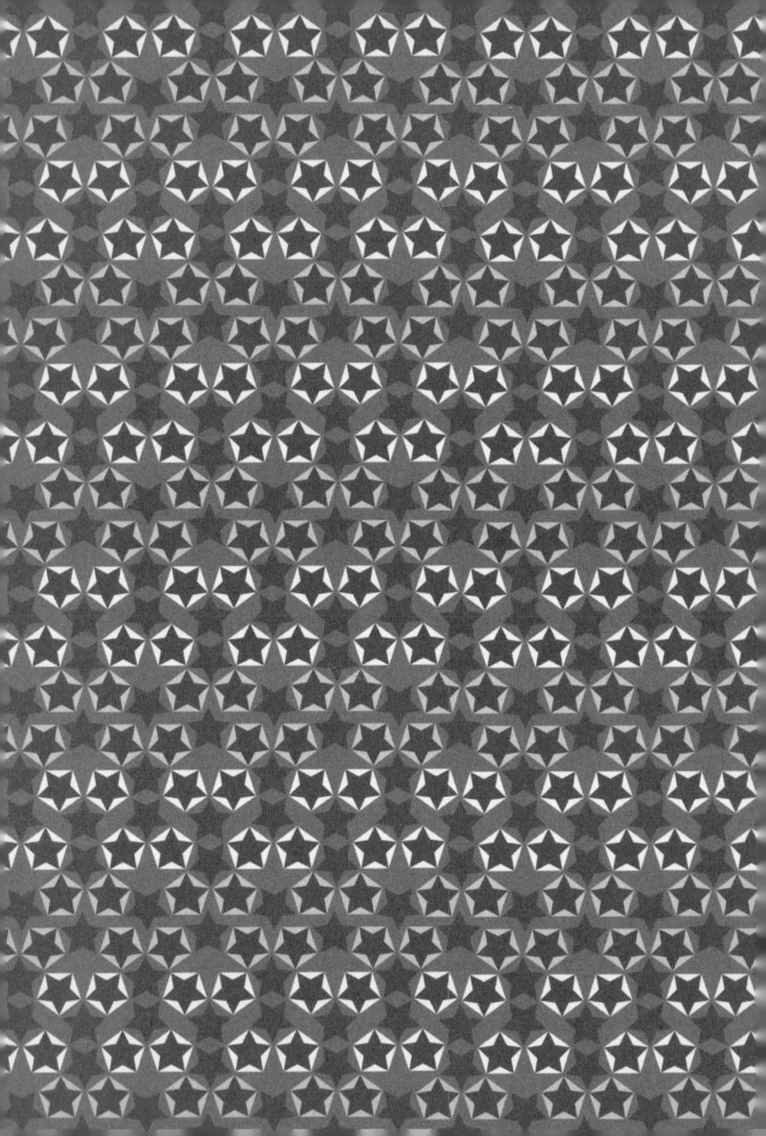

CHAPITRE 6

Le bébé allaité au biberon

« Mon bébé est un petit glouton qui boit très vite et avale pas mal d'air. C'est un vrai souci durant la nuit et la sieste, car cela le réveille de manière intempestive ».

Angélique, 28 ans.

Un bébé nourri au biberon est un bébé qui a un rythme bien établi contrairement à un bébé allaité à la demande. En général, le biberon a aussi cette vertu de rassurer les parents, car ils savent si leur enfant a bu la quantité nécessaire de lait durant la journée. On a donc en général plus d'attentes face à un bébé qui boit du lait artificiel par rapport à un bébé allaité qui n'a pas de régularité dans les tétées.
C'est alors balayer un peu rapidement toutes les autres raisons qui peuvent pousser un bébé à se réveiller la nuit ou lui causer des soucis d'endormissement. Il peut en effet avoir faim tout de même, avoir besoin d'un câlin, avoir une couche sale qui le dérange, avoir un rot ou un gaz coincé, avoir mal quelque part...
Si effectivement le bébé qui boit au biberon peut se passer de ses repas de nuit vers ses 4 mois au plus tard, il y a mille raisons qui peuvent perturber son sommeil ou son endormissement.
Certains réveils peuvent être directement liés à l'utilisation du biberon. Quelques astuces dédiées aux bébés qui prennent le biberon peuvent donc être bien utiles pour découvrir ce qui chiffonne votre enfant.

61 Prépa au top

Afin de limiter au maximum la durée des réveils nocturnes, préparez tout ce que vous pouvez préparer pour raccourcir le temps de préparation du biberon. Sur le plan de travail, sortez le chauffe-biberon, le biberon propre, l'eau et la boîte de lait en poudre. Mieux, préparez le nombre exact de doses de lait dans un doseur, cela vous évitera de ne plus savoir à combien de cuillerées vous en êtes (merci la fatigue) et versez l'eau nécessaire dans le biberon que vous refermez ensuite. Vous gagnerez de précieuses minutes. Le temps de réveil de votre bébé ainsi diminué lui permettra de se rendormir plus facilement et de mieux différencier ses repas diurnes et nocturnes.

62 Les céréales

À partir de 4 mois, vous pouvez tenter de compléter le biberon du soir avec une ou deux cuillerées à soupe de céréales infantiles (sans gluten jusqu'à 6 mois) si votre bébé se réveille encore la nuit pour manger. Si vous constatez que cela ne change rien aux réveils nocturnes, inutile de continuer.

63 Le temps du rot

La nuit, le temps pour faire venir le rot peut vous paraître très long. Si certains bébés rotent presque immédiatement, il faut parfois attendre une dizaine de minutes, voire plus avec certains. Pour aider votre bébé à roter plus facilement, tenez-le bien droit contre vous, la tête au-dessus de votre épaule (protégée par un lange). Coincez son menton sur votre épaule pour qu'il ait légèrement la tête en arrière et que l'air puisse s'échapper vers le haut. Vous pouvez également tester la position assise, le dos vers votre torse, bébé bien droit en lui levant les bras aux oreilles de temps à autre. Très efficace. Enfin, un massage délicat mais appuyé de tout le bas du dos peut également l'aider à se libérer.

64 Le rot intermédiaire

Si votre bébé souffre de gaz ou rote beaucoup après la fin de son biberon et que cela le perturbe durant son sommeil, testez le rot intermédiaire au milieu du biberon.

65 Le bon débit

Faites attention au débit des tétines utilisées. Si le débit est trop lent, votre bébé risque de se fatiguer à boire et n'aura peut-être plus assez d'énergie pour boire à sa faim, ce qui peut entraîner un réveil de nuit pour manger à nouveau. Si le débit est trop rapide, votre bébé boit de l'air et la digestion est ensuite plus compliquée. Il risque d'avoir plus de rots, de gaz et même des régurgitations. Suivez les recommandations des fournisseurs pour trouver le débit adapté à votre enfant et observez ce qui se passe. S'il semble s'étouffer et boit un biberon en moins de 5 minutes, le débit doit être trop rapide. S'il se fatigue sur sa tétine et ne parvient pas à finir son biberon sans piquer du nez, le débit doit être trop faible.

66 Tétine de compèt'

Si votre bébé avale trop d'air, investissez dans des biberons avec tétines anti-coliques. Différentes marques proposent des tétines avec des systèmes de valves ou de bagues qui permettent à l'air de s'évacuer au fur et à mesure de la prise du biberon.

67 Changement de lait

Il existe désormais des laits 1er âge adaptés à tous les maux : du lait anti-régurgitations, du lait hypoallergénique, du lait anti-constipation, du lait pour les bébés allergiques aux protéines de lait de vache, du lait anti-coliques... Si vous constatez un inconfort chez votre bébé, modifiez son alimentation peut être source d'amélioration. Cependant, avant tout changement de lait, consultez l'avis de son pédiatre. Évitez également de changer trop souvent de lait.

68 Le biberon d'eau

Le biberon d'eau est un classique. Si, passé 3-4 mois, votre enfant continue à réclamer à manger la nuit, proposez-lui un biberon d'eau minérale à la place du biberon de lait. S'il mange juste par habitude de manger la nuit et non par faim, il arrêtera de se réveiller au bout de quelques nuits.

69 Câlin comes first

Si votre enfant continue à réclamer un biberon de nuit après 3 à 4 mois, ce n'est sûrement plus par faim. Il a peut-être besoin d'être rassuré, de vous savoir près de lui. Accordez-lui ce câlin de bon cœur, mais soyez bref et clair : la nuit, c'est fait pour dormir, on se voit demain matin.

70 De moins en moins

Voilà une astuce pour supprimer le biberon de nuit quand on ne l'estime plus nécessaire. Elle est largement pratiquée par les générations précédentes avec, semble-t-il, pas mal de succès. Après 3 mois, si votre bébé boit encore la nuit, diminuez progressivement la dose que vous lui donnez à boire. Vous pouvez par exemple enlever une dose tous les deux jours et voir comment il s'en accommode.

71 Patience encore

On estime que le bébé allaité au biberon peut se passer de son biberon de nuit vers 4 mois (ou au grand maximum 5, quand arrive la diversification). Patience donc et veillez à ne pas mettre tous ses réveils sur le compte de la faim, peut-être faut-il chercher d'autres pistes pour expliquer les nuits agitées de votre enfant.

72 Biberon ≠ dodo

Ne laissez pas votre bébé associer l'endormissement au biberon. Autant que possible, faites en sorte que votre bébé termine son biberon réveillé pour ensuite lui faire faire son rot et le coucher dans son lit. Mieux vaut en effet qu'il n'associe pas le fait de manger avec celui de dormir. Laisser un bébé plus grand qui a des dents s'endormir tous les soirs avec un biberon met en péril sa bonne santé bucco-dentaire future. Il existe en effet ce que l'on appelle le syndrome du biberon qui s'accompagne de carie chez le tout-petit qui sirote son biberon de lait (ou de boisson sucrée) à longueur de journée.

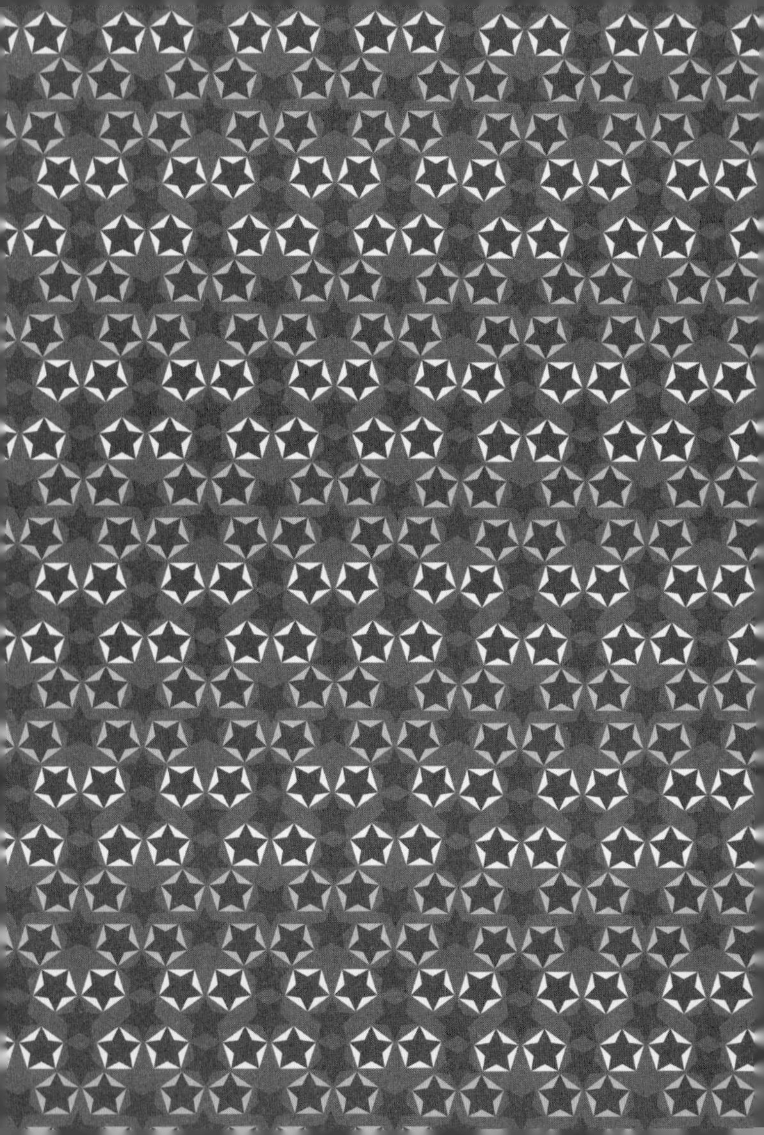

CHAPITRE 7

Les bobos et maladies

« Les coliques de mon bébé ont débuté vers le premier mois. J'avais dans les bras un petit ver qui se tortillait et qui ne trouvait pas le sommeil. Pas facile de trouver les solutions... Finalement, à ses 3 mois, les coliques ont disparu comme elles étaient venues ».

Michèle, 33 ans.

Si vous identifiez les pleurs de votre enfant comme des pleurs de douleur, il est impératif d'en trouver l'origine.
Un bébé qui a mal a évidemment du mal à dormir, mais il n'est pas toujours facile d'identifier la source de sa douleur. C'est alors très frustrant pour vous les parents d'être impuissants, mais c'est en l'observant et en essayant différents remèdes que vous allez y arriver.
Une fois de plus, c'est votre bébé qui vous donnera la réponse. Essayez de lire dans ses expressions corporelles ce qui peut le faire souffrir.
Dans tous les cas, un enfant qui ne fait pas ses nuits, qui a du mal à s'endormir ou qui se réveille durant la nuit n'est pas une indication pour un somnifère ou tout autre médicament sédatif. Le sommeil agité est le symptôme de quelque chose (immaturité, faim, inconfort, maladie...), mais pas une maladie à traiter en soi.
Si à l'époque de vos parents on donnait facilement des médicaments pour dormir, ce n'est plus du tout indiqué et même fortement déconseillé.
Pas de potion magique pour faire de beaux rêves donc, mais des parents attentifs qui entourent leur bébé quand il est en souffrance et qui l'accompagnent vers un mieux-être.

73 Allô docteur ?

Si vous pensez que votre bébé souffre de quelque chose, consultez le médecin chargé de son suivi. On ne laisse surtout pas un bébé en souffrance, il est impératif d'identifier quel est son problème pour pouvoir le soulager et pour éventuellement éloigner certaines pathologies. Donnez le maximum de détails au médecin qui vous recevra en ce qui concerne les pleurs, les selles, les réactions, les horaires où il vous semble le plus douloureux. N'hésitez pas à noter vos observations dans un petit carnet pour ne rien oublier et partagez également votre ressenti pour que le médecin dispose du tableau le plus précis possible.

74 Soulager le petit reflux

Votre bébé souffre peut-être d'un léger reflux, dû à son immaturité digestive. Rien de méchant, mais le lait qui remonte dans l'œsophage peut le brûler et générer une sensation très désagréable (les mamans se souviendront des remontées acides durant la grossesse...). Le reflux peut être visible avec des petites régurgitations, mais peut aussi être beaucoup plus discret. Il peut aussi se traduire par une toux et provoquer des otites à répétition.

Les reflux sont physiologiques. Il s'agit de quelque chose de fréquent et de bénin.

Pour soulager votre bébé, vous pouvez redresser son matelas au niveau de sa tête pour qu'il soit plus relevé, cela améliore le confort de certains bébés. Vous pouvez aussi proposer à votre bébé un gel qui fait office de pansement digestif et qui peut ainsi le soulager. Demandez conseil à votre pharmacien et signalez ce reflux au médecin de votre bébé lors de la prochaine consultation.

75 Soulager le RGO (reflux gastro-œsophagien) plus sévère

Si les petites astuces proposées précédemment ne suffisent pas et si le reflux est intense, on passe la seconde. Consultez votre médecin, différents traitements médicaux peuvent être mis en place pour soulager votre enfant. Il pourra par exemple vous proposer de tester un lait épaissi (anti-régurgitations) ou d'ajouter dans son lait des épaississants si votre bébé n'est pas allaité et, voyez s'il régurgite moins.

Même si cela vous paraît long, cette information doit vous rassurer : le reflux disparaît dans 80 % des cas à l'âge où l'enfant se tient debout.

76 Un nez propre

Un bébé qui est enrhumé est un bébé gêné pour respirer et qui se réveille plus souvent.

Prenez soin de lui nettoyer le nez avec du sérum physiologique pour le désencombrer au maximum avant le coucher. Préparez le matériel nécessaire au mouchage de nuit sur la table à langer pour être prêt à intervenir en plein milieu de la nuit. Si besoin, utilisez un mouche-bébé.

Pour faciliter la respiration de votre enfant, vous pouvez également utiliser un humidificateur d'air ou déposer une coupelle d'eau sur le radiateur (sauf sur les radiateurs électriques) si l'atmosphère est sèche dans sa chambre. À l'inverse si la chambre est trop humide, investissez dans un déshumidificateur et trouvez une solution aux raisons de l'humidité pour éviter que cela n'entraîne d'autres désagréments chez votre enfant.

77 Malodan !

Gencives rouges et gonflées, joues rouges, nez qui coule, selles acides et liquides, fièvre modérée, bavouille, main dans la bouche, pleurs intempestifs, réveils nocturnes et bébé ronchon ? Ces symptômes doivent vous évoquer les poussées dentaires, très douloureuses pour la plupart des bébés. Elles peuvent débuter très précocement alors que le bébé a seulement 2 mois avec un dédoublement des gencives qui « travaillent » votre enfant.

Pour le soulager, notamment pour qu'il passe une bonne nuit, vous pouvez lui donner du paracétamol (Doliprane®, Dafalgan®...) juste avant le coucher. L'homéopathie (Camilia, Chamomilla...) semble aussi avoir de bons résultats pour apaiser les douleurs des poussées. Diluez les billes dans quelques gouttes d'eau et donnez à la pipette. Vous pouvez également appliquer un anesthésique local adapté ou un gel de massage gingival sur les gencives pour atténuer la douleur en cas de crise nocturne. Massez avec votre index préalablement lavé en faisant attention de ne pas vous faire croquer le doigt !

78 Non aux coliques !

Vers l'âge de 2-3 semaines, votre bébé se tortille après les repas, surtout le soir, il a des gaz et pleure beaucoup sans que vous ne réussissiez à le calmer. Son ventre est ballonné, ses selles peuvent être très liquides, voire explosives. Vous avez là le tableau des fameuses coliques du nourrisson. On ne sait pas exactement à quoi elles sont dues, mais il semble qu'il s'agisse d'un problème de maturation du système digestif.

Durant les crises de colique, prenez votre bébé dans les bras, rassurez-le et parlez-lui afin de l'apaiser. Maintenez votre main sur son ventre pour diffuser une douce chaleur. Vous pouvez aussi appliquer une petite bouillotte avec de l'eau tiède (vérifiez directement sur la peau de votre propre ventre qu'elle ne soit pas trop chaude) par-dessus son pyjama. Si vous possédez une écharpe de portage, utilisez-la. Cette position facilite la sortie des gaz par le haut et le bas et permet à votre enfant de se sentir en sécurité et au chaud, bercé par vos mouvements. De plus, c'est un très bon moyen pour lui garder le ventre au chaud. Vous pouvez également le masser en rond autour du nombril (il existe même des huiles de massage anti-coliques) afin de le soulager et de faciliter la sortie des gaz.

Pour prévenir au maximum les coliques et les différents gaz, redressez votre bébé le plus possible au moment des biberons ou des tétées.

Les coliques repartiront comme elles sont venues quand votre bébé aura 3 ou 4 mois. Alors, si vous ne parvenez pas à les calmer, prenez votre mal en patience !

79 La position du tigre

Pour les bébés qui souffrent du ventre, il y a une position magique : la position du tigre. Sur votre avant-bras, placez votre bébé à plat ventre à califourchon, les fesses au niveau du coude, le visage dans la paume de votre main ou l'inverse si vous vous sentez plus à l'aise. Cette position rassure le bébé et soulage ses douleurs abdominales en lui apportant de la chaleur à cet endroit. C'est une position à tester, particulièrement durant les crises de coliques.

80 Huile de carvi ou fenouil

Différents traitements sous forme de gouttes, sirops ou tisanes à l'huile de carvi ou au fenouil apportent un confort digestif aux bébés dont la digestion semble difficile. Ces remèdes peuvent être utilisés si votre bébé présente des gaz, des ballonnements et des maux d'estomac.

81 Ostéopathie

Si vous avez écarté toute cause médicale avec votre médecin, pourquoi ne pas prendre rendez-vous chez un ostéopathe spécialiste des bébés ? Une séance chez l'ostéopathe peut permettre à votre bébé d'améliorer grandement son sommeil. Le praticien va déceler les tensions présentes chez votre enfant qui peuvent notamment être dues à l'accouchement ou à des positions prolongées dans le ventre durant la grossesse. Ces tensions peuvent générer un inconfort, notamment lorsque vous l'allongez sur le dos pour le coucher. En dénouant ces tensions, l'ostéopathe apporte un soulagement à votre bébé qui peut ainsi s'allonger aisément et s'endormir sans douleurs, ni tensions.

82 Non aux peaux rouges !

On n'imagine pas l'inconfort que peut provoquer une couche pleine d'urine sur la peau fragile des bébés, encore plus quand celle-ci s'irrite et devient rouge. Mieux vaut prévenir et utiliser du liniment oléo-calcaire pour nettoyer les fesses de bébé et le changer régulièrement sans attendre que la couche soit pleine à exploser. Mais quand survient l'érythème fessier, il faut vite sortir l'artillerie lourde pour le faire disparaître, au risque d'avoir un bébé grognon et qui dort mal. Nettoyez la zone au liniment ou à l'eau claire, en séchant avec un linge propre dans le deuxième cas. Ensuite, appliquez en couche épaisse une crème spécialement formulée pour le siège. Remettez une couche propre avec un insert 100 % coton (disponible en pharmacie). Si possible, laissez les fesses à l'air libre, c'est le meilleur remède pour soigner rapidement les fesses rouges !

CHAPITRE 8

Les relations parents-bébé

« Je voudrais vraiment que ma fille dorme mais quand elle ne se réveille pas la nuit ou qu'elle fait la grasse matinée une heure de plus, je suis obligée d'aller la voir pour m'assurer qu'elle respire encore ».

Véronique, 33 ans.

Il est facile de culpabiliser les parents face à un bébé qui ne fait pas ses nuits. Il est d'ailleurs encore plus facile de faire culpabiliser une maman parce qu'on le sait bien, tout est souvent la faute des mères.
Ce chapitre n'est pas là pour ça, mais il peut vous amener à vous poser des questions sur votre manière de faire, votre manière d'appréhender le sommeil et votre relation à votre bébé. Il ne veut en aucun cas pointer une défaillance parentale mais plutôt chercher des pistes sur ce qui pourrait être amélioré dans vos relations parents-bébé.
La découverte de la maternité et de la paternité s'accompagne de changements profonds pour les parents qui la vivent. Elle peut faire ressortir des angoisses, créer des stress ou amener les parents à agir d'une manière inconsciente qu'ils ne réalisent pas et ne maîtrisent pas.
Bien souvent, quelques années plus tard, avec la distance, on réalise que l'attitude dans ces moments proches de la naissance et les réactions de bébé face au sommeil s'expliquent logiquement.

C'est un travail difficile qu'il ne faut pas redouter, car il est aussi source de libération. Mais peut-être n'êtes-vous pas prêts pour vous poser ces questions, ou pour tester de nouvelles choses de ce côté-là. Pas de problème, continuez à piocher ce qui vous intéresse dans la lecture de ce livre, peut-être reviendrez-vous plus tard sur ce chapitre si vous l'estimez nécessaire.
Il y a également des astuces relationnelles à mettre en place auxquelles on ne pense pas spontanément mais qui, même si on n'en attendait pas grand-chose, donnent d'excellents résultats.
Alors si vous avez envie d'en savoir plus, c'est parti !

83 On se calme

Tout comme il ressentait vos émotions quand il était dans le ventre de sa maman, le bébé est très réceptif aux sentiments de son entourage. Pourtant, c'est LE conseil qui vous agace : « Calme-toi, le bébé sent ta nervosité, c'est une éponge tu sais ». Qu'y a-t-il de plus énervant que cette phrase qui semble dire que c'est de votre faute si votre enfant ne dort pas correctement ? Oui, c'est compliqué d'être calme face à un enfant qui dort mal mais effectivement, ce conseil pas forcément facile à entendre mérite tout de même votre attention. Plus vous serez calme et patient, plus vous serez rassurant pour votre bébé. Prenons un exemple parlant : imaginez que vous êtes seul dans une maison qui vous fait peur. Une autre personne arrive. Si elle n'a pas peur, elle saura vous rassurer. Si elle aussi a peur, votre peur redoublera.

Cela a effectivement l'air simpliste mais vraiment, malgré la fatigue et le stress, il est impératif pour vous et pour votre bébé de vivre ces moments le plus calmement possible. Vous le savez d'ailleurs vous-même qu'il est bien compliqué de s'endormir quand on est énervé.

84 À l'aide !

On devrait le dire à tous les parents avant la naissance d'un bébé : le manque de sommeil et les pleurs de bébé peuvent pousser à bout. Entre l'émotion générée par l'arrivée d'un nouveau membre dans la famille, la fatigue qui s'accumule, les nerfs mis à rude épreuve et le sentiment d'impuissance face à son bébé que l'on a du mal à comprendre, il est humain de se sentir désorienté parfois. Si vous sentez que vous ne gérez plus ou que vous avez des idées noires, faites-vous aider car plus vous vous enfermerez dans cette situation, plus il sera difficile de trouver les solutions adéquates pour accompagner votre enfant vers des nuits sereines. Parlez-en à votre médecin traitant, demandez une consultation pour vous faire aider psychologiquement.

Si vous sentez que vous perdez pied et que vous avez besoin d'aide rapidement, n'hésitez pas à contacter Maman Blues, un site non médical de soutien, d'écoute et de conseils dans le cadre de la difficulté maternelle (www.maman-blues.fr). Vous pouvez également appeler l'association ALLÔ PARENTS BÉBÉS au numéro vert 0 800 00 3456 ; le lundi, mardi et jeudi de 10 h à 20 h, le mercredi de 10 h à 13 h et de 17 h à 20 h et le vendredi de 10 h à 17 h ou via leur site internet : www.alloparentsbebe.org

85 Parler à bébé

Ne sous-estimez pas votre bébé. Il peut comprendre beaucoup de choses. Vous pouvez lui parler, même s'il ne saisit pas encore vos mots, il peut comprendre à votre ton le sens de ce que vous voulez lui dire.

Un soir avant son coucher, prenez-le entre « quatre-z-yeux » dans le calme. Expliquez-lui en toute franchise que vous pensez qu'il est capable de dormir plus longtemps, que la nuit est faite pour dormir et que si vous aimez beaucoup passer du temps avec lui en journée, vous avez vous aussi besoin de vous reposer pour vous occuper au mieux de lui. Dites-lui que vous avez confiance en lui, qu'il doit aussi avoir confiance en vous et que vous serez là à son réveil, le lendemain matin. Vous serez peut-être surpris vous-même de ce que vous direz à ce moment-là et du résultat sur votre bébé.

86 Remontage de bretelles

Certains pédiatres le font parfaitement bien et avec de très bons résultats. Voyez si le médecin chargé du suivi de votre enfant peut lui parler. Contrairement aux parents qui ont tendance à prendre des pincettes, le tiers extérieur peut utiliser un ton un peu plus autoritaire et moralisateur sur le thème « à ton âge, tu es capable de dormir 5 heures d'affilée, tu n'as pas besoin de réveiller tes parents et tu vas leur montrer ce soir ». Étonnant et efficace.

87 Faites entrer le papa

La fusion entre le bébé et sa maman est une chose tout à fait naturelle et classique dans les premiers mois qui suivent la naissance. La maman va le plus souvent prendre la main spontanément la nuit, particulièrement si elle allaite. Même si le papa est très investi et partage équitablement les tâches, la relation maman-bébé peut être l'enjeu des réveils nocturnes. Le bébé, habitué à voir sa maman arriver lorsqu'il se réveille va parfois en jouer. Le papa doit alors jouer son rôle de tiers séparateur pour arrêter la spirale des réveils intempestifs. Le père permet au couple maman-bébé de ne pas s'enfermer sur lui-même et de ne pas se suffire à lui-même. À la maman de laisser la place au papa en acceptant qu'il peut faire aussi bien qu'elle, notamment en terme de réassurance du bébé lors des réveils nocturnes. Testez plusieurs nuits de suite d'envoyer systématiquement papa au chevet du bébé qui se réveille sans que maman n'intervienne. Il s'agit alors pour la maman de lâcher prise en toute confiance.

88 Se rassurer pour laisser bébé dormir

Certains bébés vont se réveiller la nuit pour rassurer leurs parents et particulièrement leurs mamans. C'est leur manière de leur signifier : « Regarde maman, je suis réveillé donc je vais bien, je respire, je suis en vie ». Il est très compliqué de décoder ses propres peurs de maman et bien souvent, les mamans qui ont vécu ce type de situations ne le réalisent que bien plus tard, une fois qu'elles sont sorties de l'angoisse de la mort subite. Se rassurer soi-même sur ce point permet à son bébé, qui sent cette attente de la part de sa maman, de ne plus avoir à y répondre et de pouvoir dormir sur ses deux oreilles comme le dit l'expression.

89 Passer la main

Si vous avez l'impression de tourner en rond et que vous perdez patience, passez la main pour une nuit si cela vous semble envisageable. Demandez à la mamie, au papy, à la tata ou à une amie proche en qui vous avez toute confiance. Donnez les consignes nécessaires et, si possible, allez dormir ailleurs pour ne pas être tenté d'intervenir. Si vous allaitez, cela peut être plus compliqué à mettre en place, car il faudra alors tirer quelques biberons de lait, mais ne laissez pas cet élément vous freiner. Après une bonne nuit de sommeil, vous retrouverez une lucidité nouvelle et vous serez peut-être étonné d'apprendre que votre bébé s'est réveillé moins de fois qu'à l'accoutumée.

90 La porte entrouverte

Au moment d'aller vous coucher, vous passez systématiquement voir si votre bébé dort bien. Tous les parents le font. Si cette vérification réveille votre bébé, essayez de vous en passer si vous vous en sentez capable. Sinon, essayez de limiter l'agitation en écoutant depuis la porte entrouverte la respiration régulière de votre bébé.

91 Together as a team

Si les tensions parentales sont classiques, elles sont particulièrement exacerbées en pleine nuit alors que tout le monde est fatigué et qu'il faut affronter un nouveau réveil. Faites équipe en couple pour que les tensions nocturnes n'ajoutent pas une dose de stress supplémentaire au bébé, car les conflits parentaux peuvent être source d'angoisses, même chez le tout-petit.

92 Accepter que bébé grandit

Tant que vous ne serez pas convaincu que votre bébé est apte à dormir une nuit complète, il aura bien du mal à le faire. Accepter que bébé fasse ses nuits, c'est accepter qu'il grandisse et qu'il commence à prendre son autonomie.

93 Chez papy-mamie

Si votre bébé n'est pas fan des changements, il y en a pourtant bien un qui donne souvent des résultats. Envoyez votre bébé pour un séjour de 2 ou 3 nuits chez ses grands-parents. Au grand étonnement de nombreux parents, les bébés se réveillent moins, voire pas du tout, et font même des grasses matinées (incroyable !) quand ils font un petit séjour chez papy et mamie.

CHAPITRE 9

Les petits trucs qui peuvent tout changer

« Les piles du mobile de mon fils arrivaient en bout de course alors j'ai coupé la musique qui déraillait un peu, tout en le laissant tourner avec le bruit du moteur. Miracle, il s'est endormi dans la foulée ».

Géraldine, 29 ans.

COMPRENDRE

Le manque de sommeil qui dure, les nuits en dents de scie, les réveils tonitruants peuvent devenir un cauchemar pour les parents parce que chaque nuit, on espère que cela va aller mieux et pourtant cela continue. On a l'impression que l'on est coincé dans une machine à laver en mode essorage...
Il faut alors ruser, essayer de nouvelles astuces mais aussi trouver des moyens pour survivre au manque de sommeil.
Le plus difficile : prendre soin de soi. On conseille à la maman de dormir en journée quand son bébé dort afin de pouvoir suivre le rythme des nuits hachées. Ce n'est pas forcément évident à faire, mais cela permet d'affronter les nuits plus sereinement les premiers temps tant que l'on n'a pas repris le travail.
Bien se nourrir est également important pour tenir le coup physiquement. Les premiers mois de bébé, on se retrouve facilement en pyjama sans avoir mangé à 15 h. On ne saute pas de repas, on mange équilibré, à sa faim et si la maman veut maigrir après sa grossesse, il est plus sage de miser sur une alimentation équilibrée en limitant le grignotage entre les repas que de se lancer dans un régime qui risque de puiser dans le capital énergie déjà amoindri.

Prendre du recul peut sauver la vie des parents épuisés. Oui, les nuits écossaises (comme les douches ! On alterne le chaud et le froid, le sommeil et les réveils !) sont éreintantes et pas forcément drôles à vivre mais parfois, avec un peu d'humour, une même situation se vit très différemment. Imaginez par exemple la tête de votre moi d'il y a 5 ans ou 10 ans en train de vous regarder faire la danse du sommeil en peignoir à 3 h du matin... Un bon fou rire entre amoureux vous aidera aussi. Vous pouvez aussi trouver un groupe de soutien via Facebook ou Twitter où les membres de la #teamhibou, dont les enfants dorment comme des hiboux justement, échangent en pleine nuit pour éviter de déprimer.

Il y a aussi la possibilité de feuilleter un magazine, de lire un livre ou de jouer à un jeu sur votre smartphone en pleine nuit en attendant que bébé se rendorme. Parfois, cela permet de ne pas craquer. Alors, même si ce n'est pas forcément dans vos principes de base, c'est une idée à garder sous le coude.

Vous pouvez également carburer au café (attention si vous allaitez, cela peut exciter votre bébé) pour garder les yeux ouverts en journée.

Et puis comme vous êtes un peu au bout du rouleau, vous êtes fin prêt pour essayer les astuces suivantes, même si elles vous paraissent un peu farfelues !

94 Un doudou qui « sent maman »

L'odeur de maman, encore plus si vous allaitez, est une odeur rassurante pour votre enfant. Dans les services de néonatalogie, on conseille d'ailleurs aux mamans de porter les doudous contre leur peau sous un tee-shirt avant de le donner à leur bébé pour que cette odeur le sécurise. N'hésitez pas à porter le doudou en le coinçant dans votre soutien-gorge et à dormir avec pour qu'il s'imprègne au mieux de votre odeur. Si vous allaitez, essuyez quelques gouttes de lait avec.

Cette astuce fonctionne également très bien avec un tee-shirt porté par la maman ou un lange lavable mais en raison du risque d'étranglement, nous vous conseillons de vous en tenir au doudou en peluche classique ou bien d'utiliser le tee-shirt en l'enfilant par-dessus le drap housse du matelas.

95 La danse des coliques

« Un pas en avant, un pas en arrière, on tourne et on descend ». C'est la danse des coliques ! Testée et approuvée (et pas seulement pour les coliques) par de nombreux bébés qui arrêtent de pleurer et s'endorment, bercés par cette chorégraphie. Promis, ce n'est pas une blague, le mouvement rappellerait au bébé les mouvements de sa mère quand il était *in utero*. Vous pouvez retrouver la vidéo de démonstration sur Youtube : « Danse des coliques », www.youtube.com/watch?v=8wRGZVDmRR4

96 Emmailloté

Même si cela paraît d'un autre âge, l'emmaillotement permet au bébé de se sentir protégé et empêche le réflexe de Moro (il lève les bras au ciel quand il entend un bruit ou qu'il est surpris). Aux États-Unis, les nouveau-nés sont facilement emmaillotés. Chez nous, c'est moins classique mais il existe désormais des couvertures spéciales qui permettent d'emmailloter facilement votre enfant.

97 Le mobile muet

Comme le suggère Géraldine en ouverture, testez le mobile de votre bébé sans la musique. Aussi étrange que cela paraisse, le bruit du ronron lui rappelle les bruits sourds qu'il entendait *in utero*, et l'apaise.

98 CD ménager

Non, ce n'est pas un canular. Le bruit du sèche-cheveux ou de l'aspirateur peut aider votre enfant à s'endormir en un clin d'œil. Faites le test ! S'il est concluant, enregistrez le son de son appareil ménager préféré et gravez un CD avec le bruit en boucle. Il ne vous reste qu'à le diffuser au moment du coucher.

99 Homéopathie

L'avantage de l'homéopathie est qu'elle peut être donnée chez le tout-petit sans contre-indications ou effets secondaires. Suivant les troubles (anxiété, agitation, colique...) que vous détectez chez votre bébé, demandez à votre pharmacien spécialisé le remède qui convient le mieux. Si le traitement donné se trouve sous forme de granulés, faites fondre le nombre de granulés nécessaires à la prise dans quelques gouttes d'eau et donnez-les à la pipette. L'homéopathie peut avoir un effet placébo intéressant sur le couple parents-enfant. Si vous y croyez, il y a toutes les chances que cela fonctionne.

100 Huiles essentielles

Si les huiles essentielles sont pour la plupart déconseillées pour les bébés, il existe des mélanges à base d'huiles essentielles de camomille, de lavande vraie et de lavandin qui ont des vertus calmantes et relaxantes et qui favorisent ainsi le sommeil. Il faut alors les utiliser avec un diffuseur (certains modèles sont spécialement conçus pour les bébés) que l'on met en action à distance du coucher quand le bébé n'est pas dans sa chambre. À utiliser chez le bébé à partir de 3 mois. Prenez conseil auprès de votre pharmacien spécialisé avant tout usage d'huiles essentielles.

101 Fleur d'oranger

La fleur d'oranger, réputée pour ses vertus calmantes, fait aussi l'effet d'un très léger somnifère et peut aider votre bébé à tomber dans les bras de Morphée. Ajoutez une cuillerée d'eau florale de fleur d'oranger au bain de bébé pour le relaxer au maximum. Vous pouvez également ajouter une cuillerée à café à son dernier biberon du soir ou lui proposer en tisane tiède avant d'aller se coucher.

102 Mélomane en herbe

La musique adoucit les mœurs, on l'a déjà dit, mais c'est particulièrement vrai pour la musique classique ! Testez différents morceaux auprès de votre bébé et voyez si l'un d'eux le calme ou l'endort plus particulièrement. Pratique, vous pouvez trouver sur internet les morceaux les plus adaptés pour favoriser le sommeil de bébé réunis en compilations de plusieurs heures sur les grands sites de vidéos en ligne. Le nombre impressionnant de visionnages de ces vidéos musicales est la preuve de leur succès ! Reste à savoir si votre bébé sera plus sensible à Mozart ou à Beethoven.

103 Le chant indien

D'une voix gutturale, entonnez un chant de votre composition en imitant les chants de guerre indiens. Mais si, rappelez-vous, les chants que l'on voit dans les westerns quand ils dansent avec leur hache autour du feu. L'effet est radical sur certains bébés qui se calment instantanément et s'endorment, comme hypnotisés.

104 Mini cinéma

Il existe des veilleuses qui projettent des images au plafond. Peu utiles les premières semaines, car un nouveau-né ne les voit pas, ces projections peuvent aider votre enfant plus âgé à se calmer et à s'endormir seul par la suite.

105 Douce chaleur

Avant de coucher votre bébé , installez dans le lit une petite bouillotte, pas trop chaude (vous pouvez vérifier la chaleur en l'appliquant sur la peau nue de votre ventre) et bien fermée. Ainsi, quand vous déposerez bébé, il sera enveloppé dans une douce chaleur, et la transition de vos bras au lit sera moins violente. Vous pouvez laisser la bouillote avec lui comme un leurre, la chaleur pourra alors le rassurer et apaiser les coliques.

106 Tapotons

Certains tout petits bébés arrêtent de pleurer et s'endorment très facilement quand... on se met à leur tapoter les fesses gentiment avec le plat de la main. Installez confortablement votre bébé le long de votre torse en lui repliant les jambes sur le corps (position fœtale) et tapotez, tapotez, tapotez...

CHAPITRE 10

Chez le bébé plus grand

« Ma fille de 16 mois refuse de s'endormir le soir et nous appelle pendant des heures. On finit par la prendre avec nous sur le canapé et à la coucher ensuite dans son lit. Sauf qu'elle se réveille ensuite pendant la nuit et nous rejoint dans notre lit. Les nuits sont usantes pour tout le monde ».

Coralie, 26 ans.

En théorie, entre 6 et 9 mois, votre bébé n'a plus d'excuses pour ne pas faire de longues nuits sans interruption. On l'estime assez grand pour ne plus avoir besoin de se réveiller la nuit, notamment pour manger, et il n'est pas encore sujet aux angoisses qui arriveront vers l'âge de 9 mois. En théorie donc, parce qu'en réalité, tout peut arriver.
Il arrive aussi que des bébés qui n'ont pas forcément eu de soucis de sommeil en tant que nourrissons aient subitement un sommeil perturbé.
Au fil du temps, apparaissent les angoisses dites de séparation qui surviennent aux alentours du neuvième mois, puis à l'approche des 18 mois. L'enfant est en pleine phase de frustration, en pleine période du « non ». Deux moments-clés dans son évolution.
Vers 18 mois, il teste sa toute-puissance et le lit peut devenir un ring où il mesure la résistance de ses parents face à son besoin de limites.
Il accède au monde en s'affirmant lui-même, ce qui génère beaucoup d'angoisses. Quand il fait deux pas en avant en devenant plus autonome, il fait souvent un pas en arrière et régresse. Cela peut se traduire notamment par des refus de se coucher ou des réveils nocturnes.

Il faut alors composer avec un enfant différent du nourrisson qui pleurait pour exprimer ses besoins. L'enfant est désormais conscient de ses actes et teste. C'est le moment de poser des limites et de rassurer votre enfant en ne le laissant pas faire tout ce qu'il veut.
Imposer une routine, en accord avec le caractère de l'enfant, dire « c'est l'heure de se reposer », ne pas entretenir la peur du sommeil, c'est le rôle que vous avez à tenir sans culpabiliser. Plus vous serez serein et clair face aux exigences de votre enfant, moins il aura de leviers face à vous, plus la situation se réglera rapidement.
Oui, c'est perturbant en tant que parent de faire face à un enfant qui a soudain peur de dormir ou qui hurle en pleine nuit, mais il faut se souvenir que cela fait partie de l'évolution normale et que votre rôle est alors bien sûr de rassurer mais pas à tout prix et pas n'importe comment.

107 Un bon bol de rire

Pour décharger toutes les émotions de la journée, pourquoi ne pas rire ? Une vingtaine de minutes avant le début du coucher, donnez-vous 5 bonnes minutes de n'importe quoi. Riez avec votre enfant (cela vous fera du bien également), chatouillez-le, faites les fous, jouez à la bagarre, bref, défoulez-vous ! Une fois toute cette énergie sortie, calmez le jeu et commencez tranquillement le rituel qui accompagne votre enfant jusqu'au coucher. Si votre enfant a du mal à « redescendre » après ces épisodes de rire, essayez de les programmer plus tôt dans la soirée, avant le repas par exemple. Si cela ne fonctionne vraiment pas pour votre enfant, n'insistez pas.

108 Un sas avant le coucher

Après le repas, emmenez votre enfant dans une pièce qui servira de sas entre la cuisine (ou la salle à manger) où il a pris le dîner et la chambre dans laquelle il ira dormir. Dans cette pièce qui peut être la chambre parentale, allumez une lumière moins crue que dans la pièce précédente et ne laissez ni la télé, ni la chaîne hifi allumées. Votre enfant aura donc un sas à disposition qui lui permettra de réaliser une transition douce entre la pièce où régnait l'activité et sa chambre. Commencez également à parler plus doucement et allongez-vous tous les deux sur le lit pour un petit câlin avant de rejoindre la chambre pour commencer le rituel.

109 Fermeté = sécurité

Il est difficile parfois de faire preuve de fermeté face à un enfant qui semble en détresse et qui a peur de dormir. Pourtant, plus vous êtes ferme, plus votre enfant est sécurisé. Si vous campez sur vos positions, votre enfant ne peut s'engouffrer dans vos failles et c'est pour lui sécurisant d'avoir des limites.

110 Mission s'endormir seul

Un enfant qui ne s'endort pas sans aide parentale est un enfant qui va se réveiller la nuit. En effet, si on lui fait croire qu'il est normal de s'endormir avec un parent dans sa chambre, si on le laisse s'endormir sur le canapé du salon ou dans la chambre parentale, si on lui donne un biberon pour favoriser son endormissement, il sera bien embêté s'il se réveille pendant la nuit, car il ne pourra se rendormir seul et aura besoin de récréer les conditions qui lui ont permis de s'endormir la première fois. Apprendre à votre bébé à s'endormir seul est un cadeau que vous lui faites et que vous vous faites.

111 Le bon message

En restant à côté de votre enfant pour qu'il s'endorme, vous lui transmettez le mauvais message. Si vous restez à ses côtés, c'est qu'il a raison d'avoir peur. Il peut alors penser qu'il y a véritablement un danger à s'endormir. Ainsi, il ne voudra plus s'endormir et luttera contre le sommeil. Il va vite remarquer que vous quittez la chambre quand il s'endort et guetter vos mouvements malgré la fatigue. Rassurez-le, mais ne répondez pas à son besoin de présence. Expliquez-lui que la nuit, c'est un moment fait pour se reposer, que vous n'êtes pas loin et qu'il peut compter sur vous. Il ne risque rien.

112 Le rituel

Instaurez un rituel fixe chaque soir où vous accompagnez votre enfant vers le sommeil en réalisant les gestes du quotidien toujours dans le même ordre. Nul besoin d'avoir un rituel long, au contraire, partez sur un maximum de 10 à 15 minutes en tête-à-tête avec lui dans sa chambre. Effectuez avec lui les derniers soins nécessaires, proposez-lui un peu d'eau, lisez-lui un nombre défini d'histoires, câlinez-le, discutez à voix basse puis, quand arrive l'heure que vous avez fixée pour le laisser dormir, embrassez-le et sortez de la chambre. Le fait d'avoir un horaire fixe de fin de rituel donne à votre enfant le message que ce n'est pas la peine d'insister.

L'enfant doit avoir conscience que chaque parent a son rituel avec lui et qu'ils sont tous les deux aptes à le coucher. Ainsi, il ne monopolisera pas systématiquement l'un ou l'autre et cela ne posera pas de souci quand le parent référent ne sera pas là.

113 Fixer un repère visuel

Pour l'impliquer dans le rituel et lui donner un repère, vous pouvez lui indiquer sur une montre à aiguilles que quand la grande aiguille arrive ici, c'est l'heure de se coucher. Vous pouvez aussi afficher un petit planning avec des dessins retraçant chaque étape du rituel et le consulter au fur et à mesure du rituel pour lui montrer que vous vous approchez de l'heure du coucher comme prévu.

114 Driiiiing !

Pour marquer la fin du rituel, vous pouvez également mettre un réveil à sonner ou activer une boîte à musique dont la fin de la chanson marquera l'heure du dodo. Expliquez-lui que ce repère sonore marquera l'heure du coucher. Soyez ferme, l'heure, c'est l'heure.

115 Rassurer souvent

Il est plus utile de venir souvent rassurer à l'oral votre enfant durant une poignée de secondes à la porte de sa chambre que de le laisser pleurer et s'agiter de longues minutes pour ensuite le sortir de son lit. En agissant ainsi, il voit que vous êtes là si besoin mais qu'il n'obtiendra rien de plus que votre présence bienveillante.

116 Au grand air

Vous l'avez constaté, quand se terminent les journées passées intégralement dans la maison, les couchers et les nuits sont tout de suite plus compliqués. Sortez chaque jour, même si la météo n'est pas clémente. Votre enfant a besoin de se dépenser et de prendre un bol d'air pour décharger toute son énergie.

117 Et la lumière fut

En grandissant, votre enfant peut avoir peur de se retrouver seul dans le noir. C'est le moment idéal pour investir dans une petite veilleuse pour sa chambre. Les veilleuses nomades que l'on peut laisser dans le lit aident également bébé à s'endormir tranquillement en jouant avec.

118 La peur du loup

La peur fait partie du développement normal d'un enfant, elle contribue même à son bon développement. Il peut avoir peur du loup pendant la nuit mais aussi peur de n'importe quoi d'autre. Il a besoin d'exprimer ses peurs. Ne les niez pas. Ne lui dites pas : « Ce n'est pas vrai, il n'y a pas de loup », mais demandez-lui où est le loup dans sa chambre et chassez-le pour lui montrer que vous êtes là pour le rassurer et le défendre quoi qu'il arrive et quel que soit l'objet de ses peurs. Trouvez des solutions avec lui pour se protéger du loup pour qu'il puisse ensuite lui-même faire face seul à ses peurs et leur trouver des parades.

119 Le lit est ton ami

Ne présentez pas le lit comme une punition ou comme un lieu de punition. Bannissez les « Si tu n'es pas sage, je te mets au lit tout de suite ». Si vous souhaitez isoler votre enfant pour qu'il réfléchisse parce qu'il a fait une bêtise, préférez l'installer sur une chaise. Si vous utilisez le lit comme une punition, il ne comprendra pas pourquoi il doit aller en punition à l'heure de la sieste ou du coucher.

120 Plus tu dors, plus tu dors

Si votre bébé ne fait plus la sieste qu'une fois par jour l'après-midi, essayez de réintroduire une sieste ou un temps calme le matin. Un enfant fatigué aura du mal à s'endormir et s'excitera justement pour ne pas sombrer vers le sommeil.

CONCLUSION

Nous espérons que ce guide et ses astuces ont pu vous apporter des solutions efficaces et qu'ils vous ont aidé à mieux connaître votre enfant car c'est vous, le parent, qui êtes le plus à même de solutionner ses problèmes.
N'hésitez pas à partager les astuces qui ont fonctionné pour vous et votre enfant avec d'autres parents de votre entourage.
Et rassurez-les comme vous auriez aimé être rassurés !
Comment terminer ce livre autrement qu'en vous souhaitant de faire de bonnes nuits complètes et de beaux rêves ?